Wasser, die Liebe meines Lebens.
Nicht fassbar, unbegreiflich, und doch da.

Uta Barusel

Wandelndes Wasser

Roman

1. Auflage 2013

Autor: Uta Barusel
Umschlaggestaltung: Uta Barusel
Illustrationen: Doris Matthäus
Umschlagfoto: Uta Barusel
Printed in Germany

Verlag: tao.de GmbH, Bielefeld, www.tao.de, e-Mail: info@tao.de

Bibliographische Information der Deutschen Nationalbibliothek:
Die Deutsche Nationalbibliothek verzeichnet diese Publikationen in der Deutschen Nationalbibliografie; detaillierte bibliografische Daten sind im Internet über http://dnb.d-nb.de abrufbar.

ISBN: 978-3-95529-080-1

Prolog

Ein kluger Geist sagte einmal: „Der Mensch, den Du liebst, besteht aus 70 Prozent Wasser.“

Es mag seltsam anmuten, Wasser Gefühle zuzusprechen. Doch beweisen Sie erst einmal das Gegenteil. Jeder von uns besteht aus etwa 70 Prozent Wasser, und fühlen wir uns glücklich oder mies, sind selten nur die restlichen 30 Prozent von diesem Gefühl befallen. Allerdings ist es durchaus eine gewagte Zumutung, H_2O-Molekülen ein Schulterzucken, ein gekränktes Dreingucken, gar einen eigenen Willen unterzujubeln. Wie die kleinen Dinger auf atomarer Ebene jedoch wirklich ticken, kann die Wissenschaft bis dato nicht vollends erfassen.

Von daher haben hier Phantasie und unsere menschlich geprägte Sprache ihre Spielwiese gefunden. Dass jedoch Wasser bipolar ist, Informationen aufnimmt wie ein Schwamm, zu jeglichen Verbindungen neigt und vieles mehr, ist keine willkürliche Erfindung, sondern entspricht den Tatsachen.

Tauchen wir ab ins Wasser und hinein in seine Teilchen, ist es gleichsam ein Auftauchen aus unserem Alltag, über dessen Rand man klarer sieht, frischere Luft atmet und Lust zum Untertauchen bekommt – klingt bipolar? Auch Pflanzen, Tiere und selbst unser Erdball bestehen aus jeweils 70 Prozent Wasser. Wasser hat also eindeutig die Mehrheit auf unserem Planeten und dazu noch überall die Finger drin. Es ist nicht nur der Durst, der es so unheimlich wichtig macht für uns.

Wenn Dinge einfach mal klappen, sprechen wir gerne von „im Fluss sein". Oft ist es uns ein Rätsel, was uns da beein"fluss"t hat. War es Zufall? War es Vorsehung? Noch heute gibt es keine wasserdichte Abhandlung darüber. Auch wird dieses Buch diese Lücke nicht füllen. Doch vielleicht vermag es, uns ein Meer von Möglichkeiten vorzustellen.

Begeben wir uns auf die Fährten von vier Charakteren. Zwei einzelnen Wassermolekülen, genannt H_2O-Träumling und H_2O-Feigling sowie zwei Ansammlungen von Wassermolekülen, Menschen namens Arthur und Annabell.

TEIL I

Unterwegs

1
Arthurs Magen

Arthur, ein Adonis. Und er genoss es. Frauen lagen ihm dicht an dicht zu Füßen, er konnte gar nicht anders, als ab und an einer auf die Füße zu treten. Er kam aus glänzend poliertem Elternhaus, sein Vater ein gefeierter Geschäftsmann, seine Mutter erfolgreiche Anwältin. Seine Schwester war vor langer Zeit an Magersucht gestorben. Wo sein Bruder war, wusste niemand.

Er selbst hatte sich mit seinen 35 Jahren in der IT-Welt einen Namen gemacht, Studium mit summa cum laude, diverse Auslandsaufenthalte, innerhalb eines Jahres um zwei Ebenen Richtung Vorstand aufgestiegen, sein Porsche, kein Gebrauchtwagen, stand in der Tiefgarage unter seiner Penthouse-Wohnung. Es ging ihm nicht gut.

Irgendeine Magengeschichte. Wahrscheinlich vom Italiener gestern. Mit Maggie war er dort. Eigentlich hieß sie Magdalena, und sie bestand auf ihren vollen Namen. Doch er nannte sie Maggie, weil sie zu jedem Gericht, selbst zum gestrigen Fisch eine Flasche Maggie verlangte. Gott, war das peinlich. Die nächsten Wochen würde er sich da nicht mehr blicken lassen können. Zweimal musste er mit ihr Essen gehen, bevor er bei ihr im Bett landete. Nun brauchte er nicht mehr ihre Maggie-Allüren ertragen.

Vielleicht hatte er sich auf ihrem Klo was weggeholt, und es war doch nicht der Italiener. Judith hatte ihm auf den Anrufbeantworter gesprochen und um ein Treffen gebeten. Wozu? Arthur blätterte in seinem Nummernverzeichnis, Clara, richtig, das war doch die Krankenschwester. So etwas brauchte er jetzt. Er wählte.

„Allerliebste Clara, hier ist Arthur, ich brauche Dich!"

„Ach ja, das glaube ich nicht!"

„Du fehlst mir!"

„Ok, was brauchst Du und was fehlt Dir?"

„Na Dich!"

„Red` keinen Schwachsinn!"

„Mein Magen bringt mich um."

„Gut, dann muss ich das nicht mehr tun."

„Clara!"

„Arthur!"

„Bitte!"

„Komm` morgen ins Krankenhaus, ich werde zusehen, dass sie Dich für eine Magenspiegelung vorziehen."

„Clara, bitte!"

„Nein danke, Arthur!"

„Aber mein Magen!"

„Es ist sicher nicht Dein Magen, es ist garantiert Dein Herz! Ich könnte morgen in der Herzchirurgie nachfragen.."

„Clara, Du Liebe!"

„OK, mein Herz, ich werfe Dir heute Abend etwas in den Briefkasten, dass Dir vielleicht hilft, natürlich nur, wenn Du Dir es wirklich reinziehst."

„Oh Clara, Du bist und bleibst die Beste!"

Er hängt ein.

„Natürlich....".

Das vierte Mal rief er nun schon seine unter ihm wohnende Nachbarin an: „Es ist jetzt sicher im Briefkasten, ganz bestimmt, Sie wären ein Engel, wenn Sie es nochmal probieren würden!“

„Wissen Sie was, Sie sind im fünften Stock und haben`s am Magen! Ich bin im vierten und trage immer noch – wie schon vor wenigen Stunden – meine Meniskus-Bandage, der Fahrstuhl ist defekt und ich habe keine Lust, Ihretwegen mein Knie vollends zu ruinieren. Ich lege Ihren Briefkastenschlüssel jetzt zurück vor meine Tür. Gehen Sie endlich selber runter!“

Was umgaben ihn nur für arrogante Menschen. Kein bisschen Nachbarschaftshilfe ist mehr zu erwarten! Der im dritten Stock war sein Erzfeind, Arthur war sich sicher, dass der Typ es war, der ihm den Kratzer in die Motorhaube gerissen hatte. Der zweite Stock fiel auch aus, da lebte man mit Kindern und er brauchte nun wirklich keinen klebrigen Postschlüssel zurück. Der erste Stock war zu dieser Jahreszeit in Spanien und im Parterre? Wer wohnte im Parterre?

Arthur schlürfte mit gekrümmten Rücken die Treppe hinunter, hob seinen Briefkastenschlüssel im vierten Stock auf und schleppte sich seufzend weiter nach unten. Was ist denn schon ein lädiertes Knie im Gegensatz zu einem markerschütternd schmerzenden Magen! Auf Höhe des zweiten Stocks formulierte er Beschwerdebriefe an die Firma der Fahrstuhlwartung. Im Parterre las er den Namen an der Wohnungstür. Dort standen zwei Namen. Na bitte, ein Pärchen, uninteressant. Schließlich schloss er seinen Briefkasten auf.

Darin lag ein Buch! Er griff in alle Ecken, keine Pillen, keine Fläschchen.

„Du verdammtes Miststück!“ fluchte er, packte das

Buch und schleuderte es an die Haustüre. Es segelte ein Notizzettel langsam hinterher. Er nahm ihn, einen Medikamenten-Tipp erwartend und las: „Lieber Arthur, dies ist eines meiner Lieblingsbücher, bitte behandle es sorgsam, ich möchte es heil zurück. Ich bin mir sicher, dass es auch Dir gut tut. Clara."

Jetzt war sie eine verfluchte Schlampe. Widerwillig, als würde es abfärben, hob er das Buch auf und trug es mit spitzen Fingern die Treppen hinauf, im vierten Stock stöhnte er herzzerreißend.

Wütend schlug er die Tür hinter sich zu. Schauerliche Magenkrämpfe ließen ihn zusammensacken, er rutschte an die Tür gelehnt hinab auf den Boden und blieb dort sitzen. Eine Hand auf dem Bauch, in der anderen das Buch.

Der Boden war kalt, die italienischen Fliesen kühlten vortrefflich. Er schaute sich um, wohin er sich in seinem Elend nun legen könnte. Seine konsequent durchdesignte Wohnung schien überall kalt zu sein. Viel Chrom, das sich mit felsgrau gestrichenem Holz und metallisch beklebtem Kunststoff abwechselte. Das schwarze Ledersofa sah ihn höhnisch an. Aus allen Ecken lachte ihn seine mit Technik durchströmte Edelbude aus. Nirgends eine wärmende Decke, auf die er sich hier und jetzt retten könnte. Die dreißig Meter zu seinem Schlafgemach würde er nie schaffen. Er schob das Buch unter seinen Po. Es dauerte nicht lange und es wärmte.

Mit allmählich wieder angesammelter Kraft, erhob er sich, nahm das warme Buch und schleifte sich immer noch unter Schmerzen zum Sofa. Er machte es sich bequem, doch dauerte es eine ganze Weile, bis das Leder ihm seine Wärme zurückgab. Arthur befühlte das Buch und las den Titel: *„Wandelndes Wasser“*. Was in aller Welt sollte das denn werden, Miststück Clara! Da ihn seine Schmerzen weiterhin beutelten, und er um jeden Preis vermeiden wollte, sich nochmal irgendwohin zu bewegen, weder gen Fernbedienung, noch Richtung Computerzimmer, schlug er desinteressiert die erste Seite auf und begann, missmutig zu lesen.

Wandelndes Wasser

1
Das bin ich

Salve zusammen. H_2O-Träumling ist mein Name. Ich bin ein Wassermolekül.

Meine Zeitgenossen und mich nehmt Ihr her, wenn Ihr Euren Durst stillt, Eure Haare wascht oder Euer Auto. Ihr friert uns ein, um Eure Drinks zu kühlen, Ihr kocht uns auf für Eure Nudeln. Im Sommer surft Ihr auf uns herum, im Winter schabt Ihr uns von Euren Straßen.

Ihr macht mit uns, was Ihr wollt. Das denkt Ihr jedenfalls.

Gut, das würde ich vielleicht auch denken, nur um mich zu beruhigen, angesichts der überschwemmenden Vielzahl, in der wir nun mal sind: eine schlappe Trilliarde (1,000,000,000,000,000,000,000) von uns Wassermolekülen wohnen in einem einzigen Wassertropfen

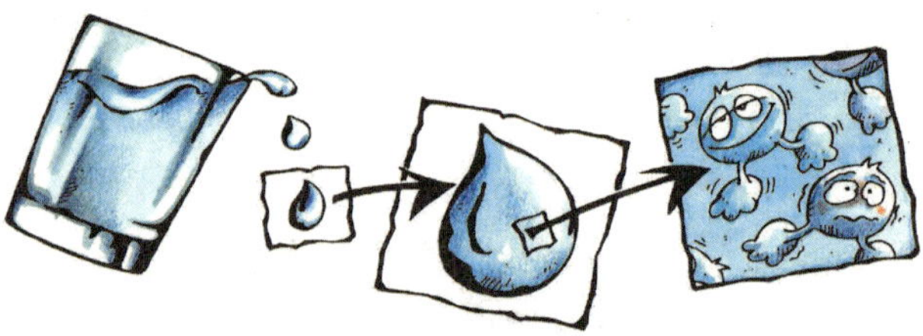

Eurer Mikroskop könnt Ihr eingepackt lassen, wir sind zu klein für Euer Auge, wir sitzen längst in Euren Augen, und nicht nur als Träne!

Natürlich schreiben nicht alle von uns Memoiren, aber das ist bei Euch ja nicht anders.

Also, kommen wir endlich zu mir:

Mein wohlgeformter, schwungvoller Körper besteht aus zwei Wasserstoffatomen und einem Sauerstoffatom. Habe also insgesamt drei Atomkerne, in welchen sich diverse Protonen sowie Neutronen tummeln. Und dann habe ich noch einige Elektronen, die um diese Batzen herumschwirren. So sehe ich aus, schön, nicht?

Ansonsten bestehe ich aus Träumen, abenteuerlichen, langweiligen, aktionsgeladenen, feinfühligen.

In meinem Leben unternehme ich drei Dinge: Träumen und Reisen. Oft sogar beides gleichzeitig. Das Dritte? Na, die Informationen, die ich sammle, gebe ich auch wieder ab, schließlich bin ich ein Wassermolekül. Ich muss nicht immer alles für mich behalten. Ich bin ein ausbalancierter Geber-Nehmer-Typ: ich nehme an, jemand interessiert sich dafür, was ich zu geben habe: meine Memoiren.

Ich steige in meinen Niederschriften ein, als wir uns Anfang des einundzwanzigsten Jahrhunderts nach westlicher Menschenrechnung befanden.

Seit geraumer Zeit schon trieb ich mich im Mittelmeer herum. Was ich so vom Wasser aus sehen konnte, waren bunte Küstenstreifen. Es gab zerfurchte Steilküsten, viel Kies und Geröll. Wo Sand war, waren Menschen. Inmitten des Meeres war nicht viel los, natürlich wetterabhängig. Mit den Jahren waren die Schiffe größer und zahlreicher, die Fische kleiner und weniger geworden.

Meine beste Freundin war H_2O-Feigling.

Mit ihr konnte man wirklich Seepferdchen stehlen. Sie war zwar etwas feige, doch ich konnte sie zu allem anstiften. Gemeinsam hatten wir schon so einiges inspiziert. Wir haben uns durch die Kiemen unzähliger Fische drücken lassen, mehrfach an einem Schiffsbug gerieben und die Innereien eines Delphins kennengelernt.

Doch mit der Zeit wurde es mir zu öde. Meine Träume waren zu vielfältig, das Mittelmeer wurde mir zu eng.

Ich fischte mir einen warmen, sonnigen Morgen heraus und hangelte mich zwischen all den anderen H_2O`s durch in Richtung Wasseroberfläche. Die kleinen Wellen glitzerten verführerisch, sogar von unten. Die Sonne schien das Versprechen eines heißen Tages im Gepäck zu haben.

„Tu`s nicht!“, fuhr mich H_2O-Feigling von der Seite an.

„Ich muss da jetzt einfach hoch, es tut mir leid, Feigling.“

Die Sonne arbeitete unverdrossen daran, ihr Versprechen einzulösen.

Feigling kannte mich schon zu lange, als dass sie nicht spüren konnte, wie bitterernst es mir war. Oft hatte sich mein Lamentieren in den Algen verfangen, doch heute war es anders. Heute würde ich mich tatsächlich auf Reisen begeben. Aufschwung in die Lüfte.

Feiglings Protonen und Neutronen vergruben sich in ihren drei Kernen, ihre Elektronen klammerten sich drumherum. Das war ihre Art zu weinen. Wie auch sonst war ein Wassermolekül fähig zu weinen, war es doch selbst als H_2O-Molekül Bestandteil einer Träne, noch dazu in diesem salzigen Meer.

„Träumling, Du warst mir immer der beste Freund! Lass` mich nicht allein! Träumling! Ich bin zu feige, dich nicht mehr neben mir zu wissen!“ schluchzte sie hingebungsvoll.

„Dann komm` mit!“ bot ich ihr an.

„Bitte, tu`s nicht!“ bettelte sie.

Wir trieben keinen Millimeter mehr unter der Wasseroberfläche, die Sonne zog ihr Schwert. Sie stach zu.

„Ein Traum!“, entfuhr es mir, als ich der letzten Woge entschwand. Ich genoss den Sog mit jedem Elektron, das in mir jubilierte.

Feigling wurde schlecht. Sie rang nach Luft und hyperventilierte.

„Ja Feigling, erst heulen und jetzt sprengst du alle Verdunstungsrekorde!".

Ich musste lachen. Ich fühlte mich unbeschreiblich losgelöst, ja, und dass Feigling mitkam, fand ich obendrein wirklich schön.

Die steigende Wärme ließ uns nebst unzähligen weiteren neugierigen H_2Os empor schwingen. Die Aussicht war überwältigend, blau. Blau zu allen Seiten, unten dunkler, oben heller. Bald versperrten viele nachkommende H_2Os die Sicht zum dunklen Blau. Feigling wurde nervös.

„Ich seh` gar nicht mehr, wo wir herkamen, wie sollen wir denn je zurückkehren?"

Ich nahm sie bei ihren Kernen und sagte bedeutungsschwanger:

„Ein Zurück gibt es nicht, nur ein wieder dahin. Und bis dahin, Feigling, genieße den Flug."

Wir schwebten höher und höher. Ich ergab mich leidenschaftlich dieser Leichtigkeit, während Feigling es nicht schaffte, ihr Leid leicht zu nehmen.

Der Dunst, den wir und die vielen anderen Kollegen einst bildeten, gewann an Volumen und stieg weiter auf, sich gemächlich zu einer Wolke formierend.

Die Sonne packte ihr Schwert – für diesen Teil der Erdkugel – wieder ein und errötete beim Anblick, was für Wassermassen sie mal wieder während eines Tagewerkes bewegt hatte. Die Dunkelheit versüßte der

Mond.

Ich jauchzte vor Glück und es wurde mir immer leichter um meine Atomkerne. Feigling erdrückte der Gedanke, dass es schon dunkel war und die Heimat so fern.

Unwillkürlich drifteten wir immer weiter auseinander.

Ich möchte an dieser Stelle meinen Memoiren hinzufügen, dass ich eine geraume Zeitspanne hindurch keinen Schimmer hatte, wie es H_2O-Feigling ergangen war. Viele Jahre später erzählte sie mir einmal alles in einem vergessenen Glas Rotwein.

Aus heutiger Sicht weiß ich, dass letztlich auch sie wandelndes Wasser ist, wie Sie und ich. Deshalb wird sie im Folgenden ihren Platz einnehmen. Ich schönige nichts, ihre Geschichte gehört unzensiert ebenso zu der meinen, wie zu unser aller Geschichten.

2
Arthur fasst es nicht

Arthur lies das Buch *„Wandelndes Wasser"* auf seinen Schoß sinken. Er konnte nicht glauben, dass er das las. Er sah sich um, ob nicht irgendwo eine Bierflasche griffbereit stand. Bier? Ihm war schon wieder nach Bier? Tatsächlich, die Magenkrämpfe hatten sich ein wenig gemäßigt. Er sah aber keine Flasche, fand auf dem Couchtisch lediglich unzählige Computerzeitschriften, „wie Sie der neuen Virengeneration Herr werden..“. Er wollte gerade nach einer greifen, als ihn sein Magen heimtückisch auf's Neue anfiel.

„Ich kann doch meine Zeit nicht mit so einem Clara-Schmarren verbraten, verdammt nochmal!“, fluchte er verbittert.

„Wenn ich schon nicht arbeiten kann, werde ich mir ja wohl nicht so ein Gesülze antun!“, frustriert grub er sich wieder in seine Ausgangslage zurück, in der die Schmerzen einigermaßen erträglich waren.

Das Buch wartete stoisch mit der Seite auf, an der er geendet hatte.

2
Feigling ist weg

Feiglings Atomkerne ergriff die Schwermut. Sie wollte nur bei mir bleiben! Und jetzt? Die Geborgenheit des wogenden Ozeans war dahin und ich außer Sicht. Sie hatte alles für mich aufgegeben, alles Vertraute, Geliebte.

Und nun hatte sie nicht nur ihre Heimat verloren, ja, im Stich gelassen. Jetzt wurde sie im Stich gelassen.

„Das geschieht mir nur recht.“, klagte sie sich an.

Am liebsten wäre sie ins Wasser gegangen, hätte sich ertränkt. Hinfällig als H_2O. So beschloss sie, sich

der Schwere ihres traurigen Daseins völlig hinzugeben, wodurch sie tiefer und tiefer sank. Dies allerdings in bester Gesellschaft, denn Abertrillionen von schwermütigen H_2Os nahmen mit ihr Kurs auf eine Steilküste.

Währenddessen freute ich mich unverdrossen auf den nächsten Tag. Das strahlende Gesicht der Sonne kündigte ihn bereits an, was den Mond sehr blass aussehen ließ.

Ich war hin und weg, Mond und Sonne gleichzeitig im hellen Blau. Gibt es etwas Schöneres? Diese Faszination ließ jedes meiner Elektronen vibrieren. Und ich stieg höher auf, dem Himmel so nah.

„Schau` Feigling, ist das nicht wundervoll? So etwas hättest du nie erlebt, würdest du noch am Meeresboden herum schnorcheln. Feigling?!“

Erst da wurde mir bewusst, dass ich sie längst aus den Augen verloren hatte.

3
Annabell am Küchentisch

Feige war sie. Unfassbar feige. Sie hätte mehr aus ihrem Leben machen müssen und hasste sich für ihr Unvermögen. Annabell saß zusammengekauert am Küchentisch, eine Wachstuchdecke mit verblichenen Gänseblümchen spuckte ihr ins Gesicht.

Sie gehörte der Generation an, der eingetrichtert wurde, dass das weibliche Geschlecht weit unter dem männlichen stand. Keinen Gedanken darüber zu verlieren, machte es erträglicher. Drei Kinder hatte sie großgezogen, ihrem Mann immer den Rücken frei gehalten oder gestärkt, erst seine, dann ihre eigenen Eltern betreut und gepflegt.

Und nun war sie fertig. Durch. Durch mit allem. Alle Pflichten erledigt. Sie fühlte sich erledigt. Jetzt stand nur noch an, sich den Resten ihres Mannes zu entledigen.

Sie saß in ihrer Küche und drehte an der brennenden Zigarette. Sie hatte nie geraucht, auch jetzt nicht, doch das Anzünden machte ihr Spaß. Und so tat sie für sich selbst, als würde sie rauchen.

Sie tat etwas für sich selbst, das erste Mal! Ihr Vater hatte ihr einst einen Schatz mitgegeben:

'Frage dich, wenn du nicht weiter weißt, was würde die Liebe jetzt tun?'

Sie hatte oft nicht weiter gewusst, und sich noch häufiger diese Frage gestellt. Nur niemals in Bezug auf sich selbst.

Von ihrem Mann waren mindestens noch acht Pack Zigaretten übrig, die würde sie nach und nach anzünden. Da war niemand, dem sie die Schachteln hätte schenken können. Freunde gab es nicht. Darauf hatte ihr Mann stets geachtet. Er hatte nichts und niemandem vertraut. Und diese Einstellung färbte über viele Jahre auf sie ab. Die Farbe war schwarz. Sie sah schwarz. Immer.

Sie war Ende Fünfzig und ein kleines Schwergewicht, weil drei Kinder selten alles aufaßen und Wegwerfen geht nicht. Nein, es war gar nicht ihre Küche, es war seine. Ihr eigenes Geld durfte sie seit sie ihn kannte nicht verdienen. Erst die Kinder, dann die Eltern, für ihr eigenes Treiben war nie Zeit. Doch er sagte, es sei ihre Küche, da er selbst sich nie darin aufhielt. Selbst das Bier aus dem Kühlschrank ließ er sich von ihr bringen.

Das war jetzt vorbei. Schluss. Sie starrte vor sich hin. Die einstige Fülle Ihrer Aufgaben war jetzt nur noch eine zerknitterte Hülle. Sie fühlte sich leer und voll zugleich. Alle Energien waren ausgesaugt, sie war ausgelaugt und doch zugestopft bis oben hin, angereichert mit wenig erfreulichen Erinnerungen. Die Kinder, doch, da gab es schon sehr schöne Bilder in ihrem Kopf. Sie waren nun alle verstreut über den ganzen Globus, lebten ihr eigenes Leben, gut so. Obwohl. Nein, gut so!

Die angenehmen Bilder verblassten sehr schnell. Es zwängten sich die Szenen der letzten Tage, Wochen und Monate vor ihr Auge. Seit genau drei Tagen hatte sie sich diesen einen Augenblick herbeigesehnt, ihr Mann tot. Und plötzlich war dies Wirklichkeit. Eine Wirklichkeit nicht nur für die nächsten drei Tage, nein, es war eine unwirkliche Wende in eine völlig andere Phase. Sie hatte sich diesen Augenblick herbeigewünscht, doch erkannte erst jetzt immer mehr, dass dieser Augenblick ungeahnte Konsequenzen hatte.

3
Feiglings Heimat gerät außer Reichweite

Eine gewaltige, schwere Wolkenwand kroch langsam aber stetig vom Meer auf's Land zu. Die Sonne tunkte die Steilküste in ein sanftes morgendliches

Rosa.

Die Menschen nannten diesen Abschnitt Costa Blanca. Die Felsen standen hier stolz, kerzengerade, die Füße im Meer badend, die Brust geschwellt gen Himmel ragend. Die Wolke rollte heran. Feigling rauschte an rauen Steinen vorbei.

„Jetzt, es muss doch gleich Klatsch machen, und dann hat dieses Elend ein Ende. Schnell zurück ins Meer mit mir!“, spukte es ihr durch ihre Radien.

Doch ihre unzähligen depressiven, im gleichen Tief hängenden Kolleginnen und Kollegen klebten fest an ihr, so dass sie mit fortgerissen wurde, über die steinigen Kanten hinweg, hinaus auf‘s offene Land. Das Blau unter ihr war plötzlich ein Grün. Nicht lange und es wechselte zu einem Hellbraun. Die Vegetation nahm in Spanien schnell ab, je weiter es ins Landesinnere ging.

Das Blau des Meeres hing Feigling nur als Erinnerung in der Seele.

„Ich will zurück in mein Blau!“, fast schon hörte sie die anderen das Gleiche stöhnen. Oder phantasierte sie schon?

„Träumling, was hast du mit mir gemacht! Du Verräter, du Egoist, du Träumer! Ich wünsche dir die Kernspaltung! Soll es dich doch zerreißen, wie du mich zerrissen hast!“

Feiglings Elektronen jagten wild durcheinander, sie kochte vor Wut.

Ihren Mitreisenden ging es nicht anders. Jede und jeder hatte seine eigene kleine Geschichte, die in geballter Wut brodelte. Die Wolke türmte sich auf.

4
Auf meiner Schönwetterwolke

Mir selbst erging es derweil etwas anders. Ich genoss das göttliche Hellblau, in welchem sich Sonne und Mond badeten und nahm wie von Sinnen an diesem Bad teil, meine Protonen tanzten. Aber wo war Feigling? Hatte sie sich umentschieden, mir doch nicht zu folgen? Ist sie sofort zurück ins Meer geplumst?

Tatsächlich kroch Trauer in mir hoch. Dieses hellblaue Bad aber, ein Whirlpool der Planeten, ließ mich innerlich sprudeln, zu grandios, um es zu leugnen. Ich fühlte mich zerrissen. Zweigeteilt. Als wollten sich meine Kerne spalten. Vielleicht wünschte sich aber auch gerade jemand meine Kernspaltung. Als H_2O ist man schrecklich beeinflussbar. Kernspaltung wäre das Aus. Ich sammelte alle Ratio zusammen, die ein H_2O zu sammeln vermochte. Das war nicht viel – schon gar nicht als Träumer – aber es reichte, sich diese Spaltung als nicht dringlich Erstrebenswertes auszumalen.

So entschied ich mich, Feigling das Beste zu wünschen, von ganzem Kern, wohin es sie auch trug, und mich selbst wieder dem Bad dieses fantastischen Hellblaus zu widmen.

Der Mond hatte die Bühne inzwischen gänzlich der Sonne überlassen.

Ich ließ mich weiter in diesem warmen Wölkchen

treiben, und mit mir ein ganzer Verbund von schwelgenden Schönwetterwolken. Wir kamen zügig voran und bald eröffnete sich eine bunte Welt unter uns. Die Sonne pinselte alle erdenklichen Farben über den Boden. Unbeschreiblich viele, unsagbar schöne. Und da gab`s noch mehr. Formen, alle möglichen und unmöglichen Formen. Das musste ich mir näher ansehen.

Auf einen Schlag wurden ich und meine H_2O-Nachbarn wild durcheinander gerüttelt.

„Was war das?“, durchfuhr es mich.

„Ein Vogel, du Anfänger!“, kam es spitz von hinten.

„Ein Vogel?“ Ich drehte mich um.

„Was ist ein Vogel? Und wer bist du?“

„Ein Vogel ist eine Form, die sich das Wasser ausgedacht hat, um über sich selbst hinaus zufliegen. Und ich bin H_2O-Denker.“

„Ahaa“, sagte ich gedehnt und ergänzte eingeschüchtert:

„man nennt mich H_2O-Träumling“.

„Was du nicht sagst.“, bekam ich als Antwort.

So wurde ich noch nie geschnitten, ich war irritiert. Den frage ich lieber nichts mehr, kann mich doch mal in meinen Träumen besuchen!

„Ich denke, das werde ich.“, kam prompt die Ansage.

Ich zog mich dezent zurück, lieber ließe ich mich weiter von den farbenfrohen Formen da unten fesseln. Manche von ihnen bewegten sich hierhin und dorthin, eine von ihnen raste pfeilgerade auf mich zu.

4
Arthur und Märchen

Arthur ließ das wandelnde Wasser sinken. Er hatte in seinem ganzen Leben noch kein Buch gelesen, dessen Titel nicht Technik, Auto, modernes Wohnen oder Computer beinhaltete. In der Schulzeit hatte er sich durch 'Steppenwolf' und ähnliches quälen müssen, wobei er, sowie es möglich war, nur die Sekundärliteratur diagonal durchgearbeitet hatte. Und noch früher? Er überlegte, ob er jemals ein Märchen gelesen hatte. Freiwillig sicher nicht. Wurden ihm welche vorgelesen? Er konnte sich partout nicht erinnern.

Lediglich an eine Situation, als seine Mutter und er im Gespräch mit einem Lehrer waren, der herausfinden sollte, ob er mit knapp sechs schon eingeschult werden konnte. Seine Mutter hatte zum Thema Märchen etwas von 'unrealistisch' und 'sind was für Träumer' gefaselt. Er wusste noch, dass der Lehrer den Kopf geschüttelt hatte und ihn noch ein Jahr zurückstellen wollte. Seine Mutter hatte daraufhin mit zischenden Lauten Paragraphen zitiert, und er bekam den Einschulungsstempel.

Zu Hause waren er, sein kleiner Bruder und seine Schwester zahlreichen AuPair-Mädchen ausgesetzt gewesen. Keine von ihnen hatte jemals etwas vorgelesen, sie konnten gar kein Deutsch. Sie waren hier, um es erst zu lernen und sich von deutschen Jungs abholen zu lassen. Die Spanierin, von irgendeiner Insel war sie eingeflogen, so eine typische Lolita, hatte sich sogar mal seinen Bruder Erik geschnappt. Sie war gut sieben Jahre älter als dieser und bekam wohl keinen Gleichaltrigen ab. Arthur selbst war damals sechzehn und hatte gerade eine Schulfreundin zum Knutschen, sonst wäre er wahrscheinlich dran gewesen. Schließlich war er der Hübschere.

Immerhin konnte Erik nach dem knappen Jahr, in dem sie bei ihnen war, bemerkenswert gut Spanisch. Arthur hatte die beiden einmal in der Badewanne zusammen sitzen sehen. Ihm war heute noch schlecht bei diesem Bild und wandte sich wieder dem kleineren Elend zu, Claras Buch.

5
Feigling in Gewitterwolke

Zu viele Elektronen rieben sich die Hände vor Wut. Das unterschwellige Brodeln formierte sich in gigantisches Gezeter, bis es keines mehr in seiner Haut aushielt und sie der Blitz durchfuhr.

Das Gewitter entließ grollend seine Regenwolken.

Feigling wusste nicht, wie ihr geschah. Dunkelheit, ohrenbetäubendes Dröhnen und Billionen Depressiver umgaben sie. Sie ließ sich fallen, sie fühlte sich aller Kraft beraubt. Innerlich umarmte sie ihr geliebtes, tiefes Blau. Die Hoffnung, es jemals wieder um sich zu haben, war ein verglühender Haufen Asche.

Ihr Fall beschleunigte sich. Die Erde zog mächtig. Schneller und schneller ging es hinab. Die Dunkelheit drückte ihr ihriges noch oben drauf.

„Abwärts geht es eindeutig fixer als aufwärts. Dan-

ke, Träumling, für diese sagenhafte Erkenntnis – kurz vor meinem Aus!“

Der Aufschlag ließ sie springen.

6
Informationen vom Denker

Ein überdimensional großer, steifer Vogel verfehlte mich nur knapp, wirbelte mich dafür umso brutaler um meine Achsen und schleifte mich Hunderte von Metern empor. Ich musste stöhnen.

„Du könntest Dich freuen, statt zu wimmern!“ maulte mich der Denker an.

Verständnislosigkeit umhüllte meine Kerne.

Der Denker kam mir jetzt sehr nah.

“Du machst deinem Namen alle Ehre, das muss man dir lassen. Lass doch mal deine Elektronen kreisen und sieh dich um! Hast du schon mal so viel auf einmal gesehen? Ich denke, nein! Das da gerade war übrigens ein Flugzug.“

Ich atmete tief durch, was mein einziges Sauerstoff-Atom so hergab. Es gab unglaublich viel zu erblicken. Wir hatten einen hervorragenden Logenplatz hier oben am Rand eines Wolkenfetzens.

„Was ist das?“ Ich ließ meine Kerne weitschweifig kreisen.

„Das sind Dörfer. Dort hinten taucht eine ganze Stadt auf, denke ich.“ war Denker`s Antwort.

„Und das?“

„Das sind Häuser und Straßen, da leben Menschen, Tiere, Pflanzen, Steine, Mineralien, alles dicht gedrängt, denke ich."

„Und das?"

„Das sind sich umarmende Menschen, denke ich."

„Und das?"

„Das sind sich prügelnde Menschen, denke ich."

„Du denkst wohl ganz schön viel?", warf ich amüsiert ein.

„Und wovon träumst du nachts?", bekam ich scharf zurück.

„Tut mir Leid. Warum umarmen sich die einen, während sich die anderen prügeln?" wollte ich wissen.

Der Denker zögerte kurz und sagte:

„Ich denke, das liegt an den Informationen, die sie in sich tragen."

„Aha..", ich war durch und durch unschlüssig. „Kannst du mir das aufschlüsseln?"

„Zuerst ist da die Information, aus ihr entfaltet sich die Form. Steckt ja schon drin in 'In-Form-ation', denke ich."

Ich wurde noch viel neugieriger, als ich ohnehin schon war.

“Warum sagst du immer 'ich denke', weißt du es denn nicht?"

Der Denker räusperte sich und antwortete:

“Ich bin eben der Denker, ich habe das alles vom H_2O-Wisser."

Ich war fasziniert.

„Und wo ist dieser Wisser?"

„Das weiß nur er, denke ich.“, presste der Denker heraus und reckte sich zurecht.

„Nun lass mich in Ruhe, ich denke über den Ausblick nach.“

5
Annabell klebt am Küchentisch

Ihr war zum Heulen. Vor drei Tagen fand die Trauerfeier statt, die Kinder waren da, alle, und alle nur diesen einen Tag, Geschäftstermine. Danach wurde er verbrannt. Die Urne war ganz schön und teuer. Worauf sich so ein Körper reduzierte. Handlich war er jetzt.

Vor wenigen Tagen war er alles andere als handlich, als Annabell noch mit dem blutigen Küchenmesser in der Hand vor seiner Leiche stand. Blass sah er aus, die Augen zur Zimmerdecke gewandt. Sie hatte das Fenster geöffnet und sich neben ihn gesetzt, viele Stunden blieb sie genauso regungslos sitzen, wie er dalag. Es war ihre Art Totenwache, um sicher zu gehen, dass er wirklich tot war und blieb.

Schließlich deckte sie ihn bis zum Hals zu, räumte das Zimmer auf und rief den Arzt an, ein alter Schulfreund ihres ersten Sohnes, der ihr vertrauter war als ihre eigene Brut. Er kam, sah und lächelte. Schrieb den Totenschein aus und organisierte alles weitere.

Schade, dass er nicht rauchte. Aber, sie hatte schon einige Sachen für ihn auf der Liste, die er bekommen sollte, wenn alles vorüber wäre. Ist ja nicht mehr lange.

7
Feiglings Aufschlag

Nach dem härtesten Hart, dass sie jemals erlebt hatte, ließ ihre Spannkraft sie abermals in die Luft gehen, bevor das gleiche Hart sie fast schon zärtlich auffing, im Gegensatz zum ersten Hallo. Kein weicher Erdboden hatte Feigling empfangen, sondern gebrannte Ziegeln eines Hausdaches.

Ruhe kam noch nicht auf, denn Bündel von weiteren Depressiven prasselten auf Feigling nieder, so dass sie von ihrem Platz augenblicklich verdrängt wurde.

„Und natürlich, was auch sonst,“, schoss es Feigling durch den Kern. „geht es weiter abwärts!“

Diesmal allerdings nicht mehr im freien Fall, sondern die Schräge des Hausdaches hinunter.

„Jetzt gerate ich auch noch so kurz vor meinem Aus auf die schiefe Bahn.“, schniefte Feigling vor sich hin.

Wenig später landete sie sanft, etwa in ihrem tiefen Blau? Nein, das konnte es nicht sein, zu eng, viel zu eng, nach unten und seitlich geschlossen und dazu eine ordentliche Strömung, die rapide zunahm. Und es ging wie ein Geschoss nochmal senkrecht nach unten, hier war es rundum dicht.

Aus sämtlichen Richtungen echote es:

„hui“,

„hosianna“,

„so toll“,

„die beste Regenrinnenrutschbahn weit und breit“,

„wenn das erneute Anstellen nicht immer eine halbe Ewigkeit dauern würde!“

„Ah,“ dachte Feigling, „wir haben also auch Manisch-depressive an Bord!“

Der finale Aufschlag war wie eine Landung in einer Hüpfburg.

„Matsch, wir sind im Matsch gelandet!“, flötete eine Stimme.

Ein reges Klatschen überall um Feigling herum, die sich feige erstmal ruhig verhielt. Bloß nicht auffallen, bei all dem Beifall nach dem stundenlangen Abfall. Rückfall in alte Feigheit, ist das ein Zufall? Erstmal ist es ein Reinfall, nämlich in Matsch!

Sie verdünnisierte sich Richtung Rand, der nicht abnehmende Beifall vertrieb sie geradezu.

Kaum merklich und doch stetig zunehmend spürte

sie einen Sog zur Seite. Immer weiter weg von der großen Pfütze driftete sie seitlich in noch dunklere Gefilde. Kein Entrinnen möglich, durchzuckte es ihre Kerne mit kaltem Entsetzen.

Jetzt wären Tränen angesagt.

6
Arthur ist urlaubsreif

Sein Chef sah ihn ziemlich entgeistert an, als er ihm den unterschriebenen Urlaubsantrag aushändigte. Zwei Wochen am Stück war normalerweise ein Tabu, und für Arthur völlig absurd. Dieser nahm Urlaub, um auf eigene Kosten Fortbildungen zu absolvieren, oder ließ ihn sich ausbezahlen.

„Gibt es Probleme in der Familie?“, fragte der Chef verwirrt.

„Nein, ich glaube nicht, alles in bester Ordnung.“, antwortete Arthur gut gelaunt, denn er genoss die Unsicherheit seines Chefs.

„Sie wollen mir doch nicht erzählen, Sie machen Urlaub!“

„Doch, Sie haben ins Schwarze getroffen!“

Arthur grinste breit, verabschiedete sich mit einer theatralischen Salutiergeste und verließ aufrecht das Büro.

Im Fahrstuhl nach unten krümmte er sich ungehemmt, seinen Magenschmerzen nachgebend und heilfroh darüber, dass er allein war.

Die letzten Tage waren unerträglich geworden, Stärke

und Dynamik vorspielend. Denn krank geschrieben zu sein, kam für ihn nicht in Frage. Das hieße Schwäche zugeben, also aus Unvermögen heraus Entscheidungen andere treffen lassen und damit die erste Geige aus der Hand geben. Das wäre das Aus. Das Aus? Er musste lachen. Hatte er diesen Satz nicht mehrmals gelesen in den letzten Tagen und die Angst davor als lächerlich abgetan? Angst und Tod. Angst um seinen Bruder, der Tod seiner Schwester.

Um dabei nicht wahnsinnig zu werden, hatte die Menschheit den Glauben erfunden. Den Glauben an eine Religion. Religion hieß doch zurück verbinden, wieder vereinen. Den Grundgedanken fand er gar nicht so verkehrt.

Warum aber an sich hoch intelligente Menschen daraus Regelwerke schmiedeten und sich gegenseitig lieber trennten als sich zu verbinden, das auch noch bis auf`s Blut, war ihm schleierhaft. Ging es nicht nur um Macht und Geld? Wie in seinem Elternhaus, das jeden Glauben im Keim erstickt hatte?

Er glaubte nicht. Er wusste, dachte oder vermutete, doch glauben konnte er nichts. An einen wohlwollenden Chef, ob im Himmel oder im fünfzehnten Stock glaubte er schon gar nicht. Er war ein fröhlicher Heide!

Es flog einem nichts zu, man musste sich beweisen. Mit Clara hatte er oft gestritten, denn sie pochte auf Fügungen. Als er ihr sagte 'Ja, Baby, dann füge dich doch mal!', ist sie gegangen. Das war`s, Ende, vorbei. Zicke! Frauen sind so undankbar. Lässt man sich auf sie ein, gerät man nach langer Zeit an einen Tiefpunkt. Lässt man sich nicht auf sie ein, kommt man schnell zum Höhepunkt.

Auf der Ebene der Tiefgarage stieg er aus. Er wunderte sich über seine seltsamen Gedanken, die ihn da gerade angefallen hatten. An Religion hatte er das letzte Mal gedacht, als er im Abitur sich die Punktzahl ausrechnete, die er in der letzten Religion-Klausur hatte erbringen müssen, um das Fach endlich abhaken zu können.

Er musste tatsächlich urlaubsreif sein.

8
Ein hellblauer Fleck taucht auf

Wir befanden uns immer noch in schwindelnder Höhe. Während unser Wolkenschweif ungebremst weiterflog, kroch die Stadt unter uns hinweg. An ihrem Rand wurde Stein auf Stein gesetzt.

„Das muss ein halbes Haus sein."

Ich grübelte vor mich hin.

„Aus Information wird Form", ließ mich noch sehr ausgiebig weitergrübeln.

Unterdessen verschwand die eine Stadt, eine andere tauchte auf. Viele gaben sich per Straße die Hand. Die Sonne händigte ihr Zepter dem Mond aus. Die Nacht bezog ihr Bett mit Sternen. Ich träumte von Information.

Als die Sonne erneut den Horizont streichelte und den Mond in seine Schranken wies, überflogen wir weitere Städte. Doch hier gab es unzählige halbe Häu-

ser, obwohl haufenweise Steine herum lagen, die aufeinander gehörten. Oder nicht?

Ein dumpfer Schlag von unten ließ mich hoch schrecken. Ein Feuerball über einem Haus, nein, über einem halben Haus, mir standen die Neutronen zu Berge.

„Was sind das denn für Informationen?!“, schrillte ich los.

„Jetzt bleib` mal locker, Kleiner,“, grunzte der Denker.

„Glaubst Du etwa, es gibt nur erbauliche Informationen?“

„Was glaubst du denn?“, ereiferte ich mich.

„Ich glaube nicht, ich denke. Und ich denke, es gibt alle erdenklichen Informationen. Komm, Kleiner, ich zeig` dir noch was anderes.“

Wir pellten uns aus unserer Wolkendecke und hängten uns an schnell vorbeiziehende Wolkenfetzen.

Bald wurden die bunten Pinselstriche unter uns sehr einfarbig, helles Braun, verstaubtes Gelb machte sich breit. Es gab hier viel Sand. Doch kaum Menschen, ganz anders als an den Küsten.

Plötzlich glitzerte ein winziger hellblauer Fleck unter uns. Wir kamen ihm näher und ich wurde des glasklaren Wassers und des Drumherums gewahr.

Dieses zutage tretende Bild ließ mich erschauern.

9
Feigling bleibt im Dunkeln

Mit einem geschmierten Plop wurde Feigling von einem haarfeinen Wurzelende aus dem Matsch gezogen.

„Und ich dachte, das Rohr sei eng gewesen!“

Sie lachte hysterisch in sich hinein und wurde weiter durch schwärzeste Enge gequetscht.

Aber, und das war seltsam, es ging bergauf, wenn auch im Schneckentempo. Feigling getraute nicht, ihrer vorsichtig keimenden Hoffnung Dünger zu reichen. Nein, sicher war das die letzte Halluzination vor dem unausweichlichen Aus. Sie nahm Licht wahr. Wahr? Konnte sie das wirklich für wahr nehmen? Es wurde heller, der Grünstich allerdings heftig.

„Willkommen im Löwenzahn“, raschelte es von allen Seiten.

„Löwenzahn?!“, wisperte Feigling mit ihrem letzten regen Elektron.

„Löwenzahn, willkommen Aus!“

Sie hatte keine Kraft mehr für ein letztes Gebet. Ihr Gefängnis der Lethargie verlor jedoch ein Gitter, als sie dumpf vernahm:

„Da rollt eine fette Raupe heran, aufgepasst!“.

„Eine Raupe, oh je, da wird der Löwe aber um sein Leben rennen, wenn er der mal entkommt!“, wanderte es ihr um die Kerne.

Nicht lange und sie schwamm wieder einmal im Dunkeln. In Raupen ist also auch kein Licht.

„Träumling, wo bist du nur? Ich würde dir jetzt gerne den Kern spalten, definitiv!“

7
Annabell findet *'Wandelndes Wasser'*

Annabell drückte die Zigarette aus, stand auf, und ging in das Zimmer, sein Zimmer, nun, sein ehemaliges Zimmer, ihr einstiges gemeinsames Schlafzimmer. Das war schon eine Weile her.

Was sollte nun daraus werden? Abstellraum für die Wäscheständer? Es gab ja gar nicht mehr viel zu waschen! Sie sah sich um, es würde viel Räumerei auf sie zukommen, oder sie ließ es einfach so wie es war – wenn die Kinder kämen, würden sie vielleicht sehen, wie zermartert ihre Mutter nach dem Tod des Vaters war, und würden sie lobpreisen, dass sie nichts verändert hat.

Sie öffnete seinen Nachttisch, wahrscheinlich das erste Mal seit dreißig Jahren. Außer einem zerfledderten Karton war nichts darin, doch der war voll. Mit ihm setzte sie sich auf`s Bett und nahm den Deckel ab.

Hervor kamen eine angemalte Puppe mit abgeschnittenen Haaren, ein Schukoauto mit fehlender Tür, ein Briefumschlag mit verblichenen Bildern vom gemeinsamen Hund – der war ja auch schon wieder zehn Jahre tot.

Sie lächelte ihr seltenes Lächeln, das recht verzerrt aussah. Ihren Mundwinkeln waren höher gelegene Regionen unbekannt.

Sie hatte gar nicht geahnt, dass ihr Mann so sentimental war und freute sich an weiteren zerbeulten Habseligkeiten, die alle ihre eigene kleine Familiengeschichte hatten.

Ganz unten im Karton lungerte ein abgegriffenes Buch. Das hatte sie noch nie in Händen gehabt. Neugierig strich sie über den Umschlag und blätterte es diagonal durch. Eine alte Angewohnheit, wenn einem die Zeit zum Lesen fehlt.

Versonnen lehnte sie sich gegen die Wand mit der Tapete aus den 70ern und las den Titel *„Wandelndes Wasser“*. Warum eigentlich nicht lesen? Keine Kinder waren da, die sich im Badezimmer einschlossen und die Zeit stoppten, bis das überlaufende Wasser unter der Tür durchfloss. Kein kranker Ehemann, der nach seinem Essen schrie. Sie schlug die Beine übereinander und die erste Seite auf.

10
Über dem Pool

„Weißt du, Denker, mir ist, als würde sich mein Kern zwei teilen.“

Ich stöhnte, denn abermals hatte ich dieses Gefühl der Zerrissenheit.

„Es ist alles so aufregend und zugleich so erschütternd.“

„Ich denke, das ist typisch Anfänger.“, kommentierte der Denker.

In der hellbraunen Dürre standen Kinder an einem

Brunnen an, andere schleppten dunkelbraunes Nass zu einem kilometerweit entfernten Dorf.

Unweit dessen räkelten sich dick beleibte Menschen an diesem kristallblau glitzernden Wasserfleck, der uns in die Augen gestochen war.

„Kannst du mir das bitte erklären?“, forderte ich.

„Das ist ein Palmen umsäumter Pool mit integriertem Wasserfall.“

Ich sprang ihn fast an.

„Du weißt, was ich meine!“

Der Denker dachte eine lange, denkwürdige Weile nach, und sagte schließlich:

“Das liegt alles an der Information.“

„Könntest du vielleicht ein kleines bisschen präziser werden?“, fauchte ich ihn an.

„Nun, ich habe das alles nur vom Wisser, aber ich denke, er hat Recht."

„Womit denn nun? Erzähl schon!"

Ich schäumte vor Ungeduld.

11
Feiglings Fressattacken

Feigling wurde durch die Raupe bugsiert.

„Richtig aus ist es wohl noch nicht, aber diese Dunkelheit macht mich irre."

Sie lamentierte ins Schwarze. Einige, ihr fremde Moleküle zerrten an ihr, stritten um sie. Sie ließ es geschehen, was sollte sie auch tun.

„Ah, frisches Wasser für den Raupenkopf", hörte sie aus dem Dunkel.

„Raupenkopf, wo ich schon immer hin wollte,", schmollte Feigling und dachte nur noch: „raus hier!"

„Was bringst du denn für negative Energie mit! 'Raus hier', ist das deine Information?", hallte es vorwurfsvoll von der Seite.

„Das war`s dann wohl", von der anderen.

Plötzlich gab es einen kernerschütternden Ruck und Feigling, zwar gut abgepolstert, denn die Ecken eines Raupenkopfes waren eher rund, wurde mitsamt ihres dicken Airbags irgendwo - in altbekannter Dunkelheit – hindurch gepresst.

Ein Vogel schluckte das Insekt mit all seinen Insassen hinunter. Die Moleküle, die sich einst um Feigling

zankten, interessierten sich auf einmal für ganz andere Nachbarn.

„Gut, ich lass es laufen, ich frage nicht mehr, ich wundere mich nicht mehr.“

Sie machte eine Pause und ihre Elektronen überschlugen sich als sie schrie:

„Ich ertrage es nicht mehr! So ein gequirlter Mist!“ Ihr Weg war damit klar vorgezeichnet. Vögel verdauen schnell.

Erst gestern vertraute Feigling mir an, dass sie nach diesem Erlebnis von damals ihre Gedanken und Worte bedächtiger auswähle.

Ich war froh, dies zu hören, denn die Kernspaltung, die sie mir ab und an an den Hals wünschte, machte mich doch über lange Jahre hinweg etwas nervös. Und chronischer Stress tut auch einem Wassermolekül nicht gut.

8
Arthurs Ausländerin

Arthur kramte wieder das Bild der Inselspanierin mit Erik in der Badewanne hervor. Das war doch besser, als diese Seiten zu lesen. Was hatte Clara nur für einen Humor! Wollte sie ihn vorsätzlich verblöden?

Er beugte sich zum Couchtisch, von dem ihn sein Handy anstrahlte. Als wäre ihm im Innern ein Taschenmesser aufgeklappt, stachen erneut die Schmerzen zu.

Nach Fluchen kam Jammern.

Er verwünschte Clara – das machte man doch so in Märchen! Jetzt konnte er sie nicht einmal anrufen und ihr seinen Ärger durch die Leitung knallen, denn zweitens kam er nicht ohne Schmerzen zum Handy und erstens würde er ihr nie gestehen, dass er sich tatsächlich diesem Buch widmete. Er blieb in seinem Bad samt seines Badezusatzes 'Agresión' hocken. Er schäumte.

Plötzlich ging das Türschloss und zwei Zentner Esmeralda wuchteten sich über die Schwelle. Das hatte er ja ganz vergessen, ab morgen war sie für zwei Wochen in Spanien, irgendeine Tante sei gestorben. Und er wollte an diesem Sonntag eigentlich auf der Sportwagenmesse sein.

Binnen zehn Minuten hatte er einen heißen Kamillentee neben sich dampfen, die Füße in ein flauschiges Handtuch eingewickelt und sein Kopfkissen im Nacken. Sie war wirklich gut.

Das Beste aber an ihr war, sie war keine Deutsche. Seine Eltern hatten ihm eingebleut, gib niemals einem Ausländer deine Schlüssel. Deine Wohnung wird leerer werden. Doch sie selbst hatten all diese AuPairs, und was hatten sie geklaut? Erik`s Unschuld. Weil Esmeralda damals, als er dringend eine Putzfrau suchte, er war schon über eine Woche in seiner neuen Wohnung, die einzige Ausländerin war, die sich beworben hatte, bekam sie den Job.

Er war eben ein echter Rebell. Zudem wurde während der Jahre die Wohnung eher voller, hier ein geklöppeltes Deckchen, dort ein gehäkelter Topflappen. In irgendeiner Schublade waren die Teile noch.

Er entspannte sich ein wenig und las weiter, damit seine gute Fee sich nicht beobachtet fühlen musste.

12
Der Denker nervt

Da hingen wir nun, der Denker und ich, an unserem Wolkenfransen, hoch oben in der warmen Luft. Ich konnte mich von diesem Schwimmbad links unten und dem dreckigen Brunnen rechts unten nicht losreißen und wartete ungeduldig auf eine Erklärung vom Denker.

Dieser erquickte sich nochmals mit einer Denkpause, dann begann er.

„Also, ich denke, jede Form, also alles Sein und jede Antiform, also alles Nicht-Sein wird von der Information bestimmt. Nur die Information, die du in dir trägst, kannst du ausformulieren und wird unter bestimmten Umständen zur Form. Also, hast du die Information in dir, ein Apfelbaum zu werden, und die Umstände wie Erde, Sonne, Wasser passen, wirst du keine Palme.“

Der Denker sah mich selbstzufrieden mit seiner informativen Ausführung an.

Meine Anspannung schlug in blanke Genervtheit um.

„Du bringst mich noch auf die Palme! Ich bat dich um Erklärung und nicht Verklärung!“, herrschte ich ihn an.

„Ich verstehe kein Wort von dem, was du sagst!“, schrie ich und wusste nicht, über wen ich mich mehr ärgern sollte, den Denker, oder mich selbst. Ich entschied mich deshalb für beide.

Eine weitere gedehnte Denkpause des Denkers brachte mir den Weltrekord im Palmen-Speed-Klettern ein.

Er hatte kein Einsehen mit mir jungem Wilden, und fing auf's Neue an, seine tiefschürfenden Gedankengänge, die doch zu nichts führten, mir vorzuleiern:

„Also, da unten sehen wir das durstende Kind und den planschenden Dicken. Die Information, ein planschender Dicker zu sein...,“

Ich konnte nicht anders und fiel ihm ins Wort:

„..hatte ich schon erwähnt, dass du mich wahnsinnig machst?“

„Warum?“ fragte der Denker entgeistert.

„Ich nehme von hier oben, wo wir zwei und all die Kollegen so schwerelos, ja unbeschwert, unsere Bahn ziehen, sowohl die atemberaubende Schönheit dieser Welt, als auch ihre abgrundtiefe Schrecklichkeit wahr.“

„Du wertest,“, sagte der Denker tonlos.

Doch ich war noch nicht fertig.

„Wir haben herrlichstes Meerwasser, satte Wälder wie auch klägliche Wüsten überquert. Es ist alles so ungerecht verteilt!“

„Du wertest, Anfänger.“, setzte der Denker nach. „Wenn du dich so spaltest – und ich sage dir, das mit der Kernspaltung ist nicht witzig – dann steht fest, dass du schon mal in einem Menschen rumgepaddelt bist, denn nur diese Spezie wertet. Und du scheinst, diese Information noch an deinen Kernen kleben zu haben, denke ich.“

„Information! Jetzt mal Tacheles!“, forderte ich. „Was habe ich, als kleines H_2O überhaupt mit Information zu tun?“

13
Feigling fliegt

Feigling befand sich noch in luftiger Höhe in jenem hungrigen Vogel.

„Hey, komm` mit, das wird ein Spaß.“, flüsterte es aus dem schmierigen Dunkel.

Feigling wurde hin und her gewälzt, ihr wurde mächtig übel.

„Hey, du, komm` schon.“, wiederholte sich das Flüstern.

„Lasst mich doch alle in Ruhe. Lasst mich meinen Weg zum Henker doch wenigstens in Ruhe gehen.“, entflohen Feigling kraftlos die Worte.

„Du, mach` schnell“, kam es auf`s Neue, doch nun weiter entfernt, nur noch als ein gehauchtes Flüstern.

Und von noch ferner vernahm sie:

„Hey, los, ab in den Flügel, hier geht`s lang zum..“, zu leise wurde das Stimmchen und was meinte es mit 'Flügel'? Spielt mir das Lied vom Tod auf einem Klavier?

Wieder zog und zerrte es an Feigling, sie wurde ordentlich durchgewalkt. Die Dunkelheit blieb ihr treu zur Seite, und als wäre das nicht schon Folter genug, ohne Orientierung, fern der Heimat, begann es auch noch, seltsam zu riechen.

Dieser unangenehme Geruch – doch Feigling überraschte nichts mehr – entwickelte sich langsam aber stetig zu saurem Gestank.

Nach einer stinklangweiligen Zeitspanne konnte sie schlagartig keinem Proton mehr trauen. War da etwa Licht? Ja, Licht?

„Das gibt`s doch nicht! Ruhig Feigling,“, beschwichtigte sie sich selbst.

„Das ist sicher eine Täuschung. Und wenn es tatsächlich Licht sein sollte, dann sicher nur, weil mein elendes Aus live verfilmt werden soll, um andere zu erhellen.“

Wie ein Geschoss wurde sie ins Licht katapultiert und – na klar – ging`s in Windeseile abwärts.

9
Annabells Schlauchboot Trauma

Es klingelte. Annabell zuckte zusammen, legte das Buch beiseite, hievte sich aus der durchgelegenen Matratze und schlurfte missbilligend zur Tür.

Sie fühlte sich unfreiwillig in ihre graue Welt zurückkatapultiert. Ob sie ein Paket für die Nachbarn annehmen würde. Sollte sie jetzt etwa nein sagen? Sie stellte es in ihren engen dunklen Flur und wusste schon jetzt, dass sie mehrmals darüber stolpern würde. Sie erinnerte sich ihrer Aufgaben, das heißt jener einzigen Aufgabe, die sie noch zu erledigen hatte. Sie hatte Angst davor, große Angst.

Als Kind, etwa im Alter von fünf Jahren, war sie einmal mit ihrem großen Bruder in einem geliehenen hässlich grünen Ein-Mann-Schlauchboot raus gepaddelt auf hohe See, aus Kindersicht, sie waren ungefähr hundert Meter vom Seesteg entfernt.

Es war ein toller Tag, ihre zwei kleineren Brüder hatten sie zwar geärgert und ihr die Zöpfe abgeschnitten, doch zu deren Strafe mussten sie mit Mutter zurück in die Ferienwohnung zum Essen vorbereiten. Währenddessen durfte sie zum Trost auf Bootstour mit ihrem großen Bruder gehen.

Der See war voll mit Surfern, kleinen Motorbooten, Ruderbooten und und und. Und sie mitten drin. Die Sonne schien aus allen Knopflöchern, ihr Bruder, der sonst nie etwas für sie übrig hatte, war ganz für sie da, und nur für sie.

Dann glitzerte etwas neben dem Boot, neugierig lehnte sie sich über den Rand, ihr Bruder reagierte intuitiv und wollte sie zurück ins Boot ziehen, doch mit seinem zusätzlichen Gewicht auf der einen Seite des Bootes kippten sie um.

Sie konnte sich nur noch an die plötzliche Dunkelheit erinnern, an den penetranten Gummigeruch und den Geschmack von Blut, wenn sie Wasser schluckte.

Später sagte man ihr, dass sie mit ihren Schwimmflügeln direkt unter dem Boot gelandet war, das übergestülpt ihr Luft zum Atmen bot, so dass sie die halbe Stunde gut überleben konnte, während die Nothelfer da waren. Sie hatten nicht nach ihr gesucht, entdeckten sie erst, als sie das Schlauchboot bargen.

Ihr Bruder war kurz nach dem Umkippen von einem Motorboot angefahren worden, woraufhin er unter Wasser verblutete, direkt neben dem Schlauchboot.

Der Fahrer wurde wegen Unzurechnungsfähigkeit aufgrund seiner Alkoholwerte nicht nennenswert belangt.

Sie ließ sich nie wieder Zöpfe wachsen, so konnten sie nie wieder abgeschnitten werden und Trost suchte sie seitdem nirgendwo.

Sie weigerte sich, je schwimmen zu lernen, denn nie wieder würde sie weniger als einen Meter näher an irgendein Gewässer herantreten, mit Ausnahme des Wasserhahns.

Für ihre letzte Aufgabe musste sie an Bord eines Schiffes gehen.

Ihr wurde übel. Annabell war alle Möglichkeiten durch gegangen. Sie musste zu einer ganz bestimmten Stelle gelangen, die kein Flugzeug anflog, und einen Privathubschrauber zu mieten, konnte sie sich nicht leisten. Somit war das Schiff die einzige Variante.

Wenn sie es nur schon hinter sich hätte. Gestern hatte sie das größte Schiff gebucht, das ihr, beziehungsweise sein, Geldbeutel hergab und jene Stelle wenigstens in etwa anlief. Sie müsste jetzt packen, doch ihr war gar nicht danach. Es war einfacher, die grauen Schleier ihres Lebens zu zuziehen.

Sie stiefelte zurück in sein Schlafzimmer, wuchtete

sich auf das Bett und widmete sich wieder der Lektüre auf ihrem Schoß.

14
Ich trage Informationen, ertragen ist was anderes!

Wir schienen in einem Windloch zu sitzen. Nichts bewegte sich hier oben, und ich zweifelte langsam, ob sich jemals beim Denker noch etwas bewegen würde. Er pausierte fürchterlich lang und nahm schließlich doch noch einen Anlauf.

„H_2O ist der Träger für Informationen. DER Informationsträger, klar?!"

Ich nickte brav und war froh, dass der Denker doch keine Sackgasse war. So hörte ich ihm aufmerksam weiter zu.

„Wir H_2Os kommen überall hin, und du weißt selber, warum. Wir sind von Natur aus neugierig und wollen uns mit allem lösen, das heißt verbinden, von allem und jedem Informationen sammeln. Hörst du? Lösen ist gleich verbinden!"

Mir entglitt der Faden leicht, doch ich nickte das Gesagte ab, wollte ich den Denker nicht demotivieren. Vielleicht bekam ich den Faden gleich wieder zu fassen.

„Das ist unsere ureigenste Information, die wir immer in uns tragen, sie ist quasi in unsere Kerne gemeißelt. Doch obwohl wir so klein sind, und ich sage dir, wahre Größe hat nichts mit Größe zu tun, können wir

noch Unmengen von Informationen aufnehmen. Es hat ja bis jetzt auch schon sehr viel in deinen kleinen Kernen Platz gefunden, oder etwa nicht?“

„Danke, Denker.“, sagte ich leicht verträumt.

Der Denker hatte gerade einen guten Lauf und fuhr fort:

„Zum Beispiel warst du mal in einem Menschen ansässig, der die Information in sich hatte, also aus einer ganzen Bataillon von H_2Os bestand, die die Information in sich trugen, dass dies und das gut oder schlecht sei. Und da du damals sicher nicht nur ein Anfänger, sondern ein Grünschnabel aus dem Bilderbuch warst, hast du dir diese Informationen einverleibt, weil du ja so neugierig bist, also dich mit dem Bataillon verbunden hast.“

Ich ließ das Sacken.

„Aber was hat das mit dem Dürstenden und dem Planschenden zu tun?“, hakte ich unbefriedigt nach.

Unsere Schönwetterwolke kam einfach nicht vom Fleck, diesem blauen, glitzernden Fleck.

„Stell dir vor, Träumling, die beiden würden sich verbinden, Informationen austauschen. Also wie ich schon sagte, verbinden ist gleich lösen!“

„Das, das wäre traumhaft! Oh Denker, denk` doch nur!“ ich begann vor Aufregung zu beben.

„Ja, Träumling, und bekanntermaßen verbindet sich sehr vieles, auf den ersten Blick oft Unsinniges, in den Träumen. In den Träumen haben wir H_2Os leichtes Spiel und Zeit, Informationen weiterzugeben, auszutauschen etc.

Da sind wir der Ursuppe am nächsten, nämlich schlicht mit allem verbunden, alle Lösungen liegen bereit. Dies ist zwar auch außerhalb der Träume der Fall, doch sind wir viel zu beschäftigt damit, die Teilung voranzutreiben, als die unausweichliche und ewig bestehende Verbundenheit wahrzunehmen, geschweige denn, sie zu akzeptieren, und vor allem zu zelebrieren."

Der Denker feierte sich.

Mir wurde etwas fiebrig zumute. Das war gerade sehr viel Information für meine wenigen Elektronen und Protonen. Sie wussten nicht so recht, in welche Richtung sie jetzt kreisen sollten. Erstmal von der Palme klettern und neu sortieren.

„Du, Denker,", fragte ich vorsichtig.

„Kann es sein, dass du gerade gewertet hast? Ich meine, du sprachst davon, dass wir die Teilung vorantreiben, während wir doch lieber der Verbundenheit huldigen sollten. Also ist die Teilung schlecht und die Verbundenheit gut?"

„Oh nein! Wer sagt denn so was!", polterte der Denker zurück.

„Ich werte gar nichts, ich stelle lediglich fest.", sagte er selbstgefällig.

Nun war ich völlig verwirrt und begann langsam, wieder mit der Palme zu liebäugeln.

Der Denker spürte meine Gereiztheit und holte wohlwollend aus:

„Schau`, es liegt doch alles an unserer Polarität."

Ich fing an, die Kokosnüsse zu spalten.

10
Arthur startet in den Urlaub

Sein Arzt hatte ihm bescheinigt, dass sein Magen nichts Pathologisches sei, aber werden könne, wenn er so weitermache. Er solle mehr Pausen machen und Freude in sein Leben integrieren.

Arthur hatte ihn offen ausgelacht:

„Was sind Sie für ein Arzt, Psycho-Quacksalber aus der nordöstlichen Mongolei? Ich erzähle Ihnen mal von meinen vielen Pausen-Freuden, sie nennen sich Sabine, Alexandra, Jennifer, Gudrun, Silke..."

Daraufhin hieß es, er solle ehrlicher zu sich selber sein.

An diesem Satz knabberte er noch, als er sich in seinen Porsche legte und zum Flughafen dröhnte.

„Was macht mir wirklich Freude?"

Er fühlte sich ertappt, im Innersten aufgespießt und entschied sich kurzerhand gegen diese Frage, denn sie ließ schon mal gar keine Freude in ihm aufkommen. Es tat nur umso mehr weh.

Er wischte den Gedanken fort, parkte seinen Porsche in der Langzeit-Tiefgarage am Flughafen und schleppte sich und sein Gepäck zum Flugschalter.

Sein Flug hatte eine halbe Stunde Verspätung. Obwohl die Dame am Schalter aufreizend hübsch war, bekam sie seinen ungebremsten Ärger über diese unprofessionelle Zeitverzögerung ab. Sie blieb souverän und wünschte ihm einen entspannenden Urlaub. Unverschämtheit!

Als er auf das Borden wartete, er hasste erzwungene Pausen, sah er sich im Souvenirladen gelangweilt um, stieß auf einen Buch-Drehständer und ihm fiel ein, dass er gar keine Lektüre mit hatte. Auf Reisen hatte er immer die Zeit genutzt, um die Computer-, ADAC- und Wirtschaftszeitschriften abzuarbeiten.

Sein Blick fiel auf ein Buch, das Buch. Nicht zu fassen, *'Wandelndes Wasser'*! Er hatte es noch nicht ganz durchgelesen, hatte sogar schon den Gedankengang gehabt, es mitzunehmen. Doch da er Clara zum Blumen Gießen und Briefkasten Leeren verdonnert hatte, wollte er sich nicht die Blöße geben, auch nur ansatzweise der Vermutung den Spielraum zu schenken, er könnte reingeschaut haben. Lieber packte er es zurück in den Briefkasten, als hätte er es dort niemals heraus genommen – so war seine Verdrießlichkeit über dieses Buch am besten zu spüren. Ignorieren, das tut am meisten weh.

Er nahm ein Exemplar aus dem Ständer und fühlte sich sofort beobachtet. Irgendein Kollege war sicher hier auf Dienstreise und würde der Chefetage stecken, mit welcher Trivialität er sich abgab. Er klebte das Buch mit dem Umschlagtitel an seinen Bauch und fühlte sich nun vom Ladendetektiv verfolgt. Vielleicht hatte sein Arzt tatsächlich Recht mit der Dringlichkeit zur Entspannung.

Nachdem er gezahlt hatte, fragte die ausgesprochen leckere Kassiererin, ob er eine Tüte wolle. Er hatte noch nie gekifft, doch es würde das Lesen vereinfachen. Bei dem Gedanken fühlte er sich wieder wohl, er hatte seinen alten lässigen Zynismus zurück. In seinem 'nein, danke' schwang die Frage mit 'wann haben Sie Dienstschluss'. Sie schenkte ihm einen sagenhaften Wimpernaufschlag, er hörte es knistern und ließ sie stehen.

Im Flugzeug lehnte er sich zurück, obgleich sein beleibter Hintermann dadurch keine Chance mehr auf ein ebenes Tablett hatte – wozu auch, der konnte doch mit seinen Energiedepots einige Transatlantik-Flüge am Stück bestreiten.

Er schlug die Seite auf, die er als letztes gelesen hatte und wunderte sich über sich selbst, was er da tat. Ich soll mein Leben umkrempeln. Eine andere Seite aufschlagen.

Er tat es im Buch.

15
Feigling wird vom Erdreich geschluckt

Nachdem der Vogel sich im freien Flug entleert hatte, wollte Feiglings Fall kein Ende nehmen. Vielleicht fühlte es sich nur so an, da sie sich doch dem Ende so nah sah. Je tiefer sie fiel, desto mehr nahm der Fahrtwind zu, was immerhin dem üblen Geruch an den Kragen ging. Aber etwas irritierte sie, der Weg zum Aus war grell erleuchtet. Über ihr ergoss sich gleißendes Hellblau. Die Sonne lächelte ihr spitz zu, für Feigling war es ein hämisches Grinsen.

„Du führst mir ein letztes Mal das helle Blau vor, damit mich die Sehnsucht nach meinem tiefen Blau umbringen soll, stimmt`s? Du willst dir die Finger an mir nicht dreckig machen, was? Ich soll mir mein Aus also auch noch selbst besorgen? Ist es das, was du willst?“, zischte Feigling, von Verzweiflung durchrüttelt, selbst erstaunt, wo sie plötzlich so viel Energie her

nahm.

Unter ihr erstreckten sich Olivenbäume, kleine Mäuerchen, vertrocknetes Gras, Ziegenherden, Feigenbäume, geduckte Häuschen. Ein Hund bellte. Alsbald gab es nur noch Hund und sie klatschte leicht stinkig ins Fell. Sie hing in den Zotteln fest und ihrem Elend nach.

Doch bevor ihr Sauerstoffatom sie überreden konnte, sich in die Lüfte zu schwingen und dem letzten sauren Geruch sowie allem, was in ihm steckte ein Lebewohl zu winken, wurde Feigling nochmal richtig tief mit der Nase in die Sülze gepresst und zusammen mit jener an einem Stamm abgestreift. Da hing sie nun und weiter an ihrem Elend.

„Ich muss mich endlich aus diesem Gestank befreien, der nimmt mir noch alle Sinne,“, schimpfte sie säuerlich.

Und wie in Zeitlupe wanderte sie den Stamm hinab, der Schwerkraft folgend, wem auch sonst, so schwermütig wie ihre Kerne strauchelten.

„Einfach mal da unten hinlegen und ausruhen, darf ich wenigsten das noch vom Leben erwarten?“, glimmte ihr durch`s Proton.

Doch unten war für Feigling noch nicht unten. Wie die Teilung des roten Meeres kam es ihr vor, als das Unten sich als zahllose zahnlose alte winzige Steinchen vorstellte und ihr ausgiebig Platz zwischen ihnen bot, hindurch zu fallen. Sie rollte langsam in steiniges Erdreich hinein.

Es wurde dunkel um sie – hatte sie wirklich anderes erwartet?

11
Annabell versucht, Asche reisefertig zu machen

'Hatte sie wirklich anderes erwartet?' Annabell legte das Buch nieder. Las sie da gerade eine Geschichte über sich selbst?

Sie schmunzelte, innerlich, denn nach außen kannten ihre Gesichtszüge keine Umsetzung. Sie stand auf und zog die Vorhänge zu. Ihre Feigheit warf sie sich vor, kein Schiff betreten zu wollen. Doch es ging kein Weg daran vorbei. Diese eine letzte Aufgabe wollte sie erfolgreich abschließen. Ein Kneifen war ausgeschlossen.

Sie sah auf die Uhr, morgen ging es los, mit dem Bus zum Bahnhof, mit dem Zug zum Flughafen, mit dem Flieger nach Barcelona, mit dem Bus vom Flughafen zum Hafen, dort Einschiffen. Ihr Blutdruck stieg. Da sie ohnehin kein Auge zu tun könnte, hatte sie wiederum noch die ganze Nacht Zeit zum Packen.

Gemächlich, vielmehr gelähmt schlenderte sie in ihre, seine Küche, nahm das gesäuberte Küchenmesser und schnitt sich einen Apfel auf. Der musste weg, war jetzt schon runzlig. Eine Woche bis zu ihrer Wiederkehr würde er nicht überleben. Sie schaute auf das Messer. Auf dem Küchentisch lagen die Reiseunterlagen, darunter auch die Hinweise zum Handgepäck im Flugzeug. Annabell hatte noch nie ein Flugzeug von innen gesehen. Sie hatte sich die wichtigen Zeilen bereits mit einem orangen Leuchtmarker angestrichen, woraufhin die gesamte Seite in einem strahlenden Orange erschien. Keine Messer, hieß es da. Nirgendwo war verzeichnet, dass Urnen verboten seien. Doch ihr eingeweihter Arzt hatte ihr eingebleut, die Asche keinesfalls in der Urne zu transportieren.

Sie sah sich um. In einer Vase? Kein Deckel! In einem Topf? Was sollte sie den Leuten sagen, 'ich reise nie ohne meinen angebrannten Kohlrouladen'? Tupperware? Da blieben sicher Aschereste drin hängen, zu viele für ihren Geschmack. Also Glas. Ihre Augen wanderten zu den leeren Pfandflaschen. Die Halsöffnungen waren fürchterlich eng, zu viel Asche, die in einem Plastiktrichter hängen bleiben würde. Nein, er sollte mit keinem Partikelchen hier bleiben.

Am Fenster stand ein großes Glas eingelegter Gurken, dreiviertel leer. Das war es! Sie schraubte den großen Verschluss ab und angelte die Gurken raus, aß eine nach der anderen, auch die sollten nicht verkommen, und wusch das Glas sauber. Triumphierend stellte sie es neben die Urne.

Das Umschaufeln würde sie machen, sobald ihre Hände nicht mehr so zitterten. Jetzt galt es, das Glas mit Folie zu umkleben, auf dem etwas völlig harmloses stand, wie feinstgemalener getrockneter schwarzer Pfeffer, nein, das war es noch nicht. Kreativität zählte nicht zu ihren Stärken.

So besann sie sich auf das Buch, holte es zum Küchentisch und hoffte auf einen klugen Hinweis, der sie beim Weiterlesen vielleicht ansprang.

16
Tschüss Denker, ich greif mir eine dicke Wolke!

Die Erde wendete langsam einen anderen Teil der Sonne entgegen und überzog diesen mit der Sternendecke, an deren Ende der Mond als edles Etikett prangte.

Ich wurde es leid, auf Kokosnüsse einzuhacken und stieg unentschlossen von meinem Palmenwutgerüst herab. Der Denker ging mir gehörig auf die Nüsse und ich wollte keinesfalls sein Niveau teilen, mich in die gleiche dünne Wolkendecke hüllen, in der dieser schlummerte.

Unruhig streunte ich von einem Lakenfetzen zum

anderen. Ich fühlte mich zerrissen, gleich dieser ausgefransten Wolkenschicht.

Was dachte sich der Denker eigentlich? Erzählt hier etwas von Information, Form, Teil, Verbundenheit, und jetzt auch noch von Polarität. Was hatte er noch von Träumen gefaselt? Was weiß der denn schon vom Träumen! Der Denker! Ich hangelte mich am äußersten Rand entlang. Der Mond streichelte mir über meine Kerne. Das tat gut.

Doch auf einen Schlag war diese tröstende Hand weg. Eine riesige Wolkenwand drängte sich unaufhaltsam zwischen den Mond und mich.

Ich war überwältigt.

Sie erschien so drohend, fordernd, und gleichzeitig hinreißend, ja, mitreißend schön.

Ich ließ mich von ihrer ungeheuren Anziehungskraft einfangen. Ihre Tentakeln griffen nach mir, saß ich ohnehin wackelig auf dem Grenzstein meines dünnen Schönwetterwölkchens. Den Daumen raus gestreckt und binnen einer Protonenumrundung war ich Teil der dunklen Wand. Oder verbunden? Oder Teil? Mit diesem Riesenbus ging es zügiger voran. Jeder Platz war hier besetzt, dicht an dicht gedrängt walkte sich die Wand dahin.

Nicht nur diese Mauer erstreckte sich Kilometer weit über den schwarzen Horizont. Dieser war selbst eine einzige undurchdringliche, tausende von Metern hohe Schranke, auf die wir uns da zu bewegten.

Die Alpen hatten einen mächtigen Gewitterregen vor sich.

17
Feiglings Aufwärtssog

Feigling gewöhnte sich mittlerweile daran, dass irgendetwas an ihr sog.

Die Dunkelheit war einfach zu ihrem Ist-Zustand geworden, in und um ihre Kerne.

Was fehlte da eigentlich noch zu ihrer Tragödie, richtig, die Enge.

Kein Problem, da war sie wieder – Feiglings Elektronen, die gewöhnlich ihre Kreise beschrieben, waren gerade noch in der Lage, ein erbärmliches Oval hinzukriegen, so sehr wurde sie gequetscht, gezerrt, durch`s Dunkel bugsiert.

Unendlich lange ging es auf diese Weise, o lálá, bergauf!

Aber halt, bremste sie sich selbst, das kenne ich doch schon, im Löwenzahn ging es auch aufwärts, und dann, wo hat es dann geendet? Letztlich doch hier!

Ich werde mein tiefes Blau nie wieder erleben. Bin gefangen in engster Dunkelheit, die mal stinkt, mal mich fast zerquetscht.

Wahrscheinlich hatte ich bis jetzt einfach nur Glück, dass mich das Aus noch nicht ereilt hat. Wobei, ist das hier wirklich Glück?

Feiglings Schwermut war unübertroffen.

Die Wurzeln eines Baumes saugten sie unbeirrbar auf.

12
Arthur gefrustet im Flugzeug

Man servierte zu spät zu heißen Kaffee, zu abgestandenen Orangensaft, zu teures Bier und das Käse-Sandwich war eine Farce seines Namens, passender wäre Analogdekoration. Arthur wusste nicht, was ihn aggressiver machte, die dilettantische Bord-Versorgung oder die dämliche Buch-Weissagung. War es die Angst, nach zweiwöchiger Pause im Geschäft sich entbehrlich gemacht zu haben? Sein Magen signalisierte deutliche Zustimmung. Nein, es lag sicher am Kunstbrot.

Die Schmerzen wurden intensiver als sich der Gedanke einschlich: Was wäre, wenn er zurück käme und keine Lust mehr auf seinen Job hätte? Er sah sich als Kreuzworträtsel lösender Pförtner hinter einer dicken Glaswand des riesigen Bürogebäudes. Sein Tablett wurde zu spät abgeräumt. Er klappte den Tisch hoch und das Buch wieder auf. Er brauchte Ablenkung.

Neben ihm saß eine junge stille Frau, leider nicht sein Typ. Und wenn schon.., nein, befahl er sich, und blätterte das Buch durch. Die letzten Seiten waren leer. Wo gibt`s denn so was! Hatte er ein defektes Exemplar erwischt? In Zukunft würde er darauf achten. Er ärgerte sich, dass er in Claras Ausgabe nicht nachgesehen hatte.

Ob sie schon in seiner Wohnung gewesen war? Ein bisschen Staubwischen, hatte er sie gebeten, Esmeralda hatte ihren Spanienaufenthalt verlängert. Irgendeinem Onkel ging es nicht gut. Dann sollte sie eben ihre Schwester zum Putzen schicken, die hatte schon einmal vor Jahren ausgeholfen. No, imposible, studieren in Madrid, Prufungen, importante.

Na und? Esmeralda hatte ihn einfach stehen gelassen. Hatten seine Eltern doch Recht? Klauten die Ausländer doch, zum Beispiel Autorität?

Er musste sich somit an Clara wenden. Sie würde das Buch finden, gut, und wieder mitnehmen, schlecht. Gefrustet, weil der Möglichkeit des Kontrollierens beraubt, wandte er sich gelangweilt dem nächsten Kapitel zu.

18
Ich falle in die Berge!

Der Mond winkte ein Servus, die Sonne strahlte ein warmes Moin Moin über den Wolkenrand.

Ich merkte, dass es insgesamt heller wurde, und langsam wurde ich gewahr, in welch einer dicht gedrängten Wolkenwand ich da saß. Ihre Geschwindigkeit nahm stetig zu und diese Art Schranke kam näher und näher.

„Was ist das da vorne nur?“, fragte ich mich zögerlich vor Erschlagenheit.

„Noch nie ein Gebirge gesehen, hab` ich recht?“, sagte jemand direkt neben mir.

„Nein.“, nuschelte ich gedehnt und konnte meinen Blick von diesem monströsen, in den Himmel ragenden Bauwerk nicht lösen.

„Da haben aber manche ganz schön viele Steine aufeinander gelegt,“, hauchte ich ergeben.

„Stimmt, das ist schon eine ganze Weile her und hat seine Zeit gedauert. Wahrscheinlich nochmal so lange und es wird wieder flach wie eine Flunder sein.“

„Aha..“, war alles, was ich im Stande war zu äußern, zu sehr bannten mich diese Bergketten. Unsere Wolkenwand rauschte immer schneller auf die Gebirgszüge zu. Zum Greifen nahe, zum Berühren da, zum Zusammenstoß verurteilt.

Mein Wolkenabschnitt zerschellte mit aller Wucht an der Wand. Ich und mit mir viele anderen H_2Os prallten ungedämpft gegen das harte Gestein. Meine Elektronen machten einen kurzen Aussetzer. Als sie wieder ihre Bahnen einnahmen, sah ich über mir unzählige weitere Wolkenteile aus meiner Staffel weiter ziehen, während ich selbst mit meinen Kollegen im Verbund mich einen steilen Abhang herunter rasen sah.

Die Sonne funkelte uns an, und wir glitzerten um die Wette, als wäre dies unser letzter Gruß an den Feuerball für eine längere Zeitspanne. Kleinste Spalten im Gestein taten sich auf, in die wir einer nach dem anderen hinein schlidderten.

Es gab kein Halten. Wir rauschten zwischen den glatten Wänden hinab. Es wurde stockdunkel und unsere einstige Flut änderte sich alsbald in ein aufgeregtes Plätschern, was schließlich in ein gemächliches Tröpfeln überging. Ich war wie benommen. Mit den letzten Flugvertrauten hing ich in einem Tropfen zusammen, der langsam abwärts rollte.

Das Gestein fand plötzlich ein Ende, an dem wir

uns entlang bewegt hatten und es folgte ein längerer freier Fall.

Der Aufschlag war unerwartet weich und irgendwie gewohnt, wie damals, schwirrte es mir in den Kernen, als ich ab und an mitten auf dem weiten Meer von einer Delphinflosse aufgepeitscht wieder ins tiefe Blau platschte.

Hier jedoch umgab mich tiefste Schwärze. Und die Stille, die absolute Stille, war völlig neu. Es wurde mir klamm um die Kerne. Es war klamm in der Höhle. Fast wie ein Stein fiel ich im Wasser selbst tiefer und tiefer.

19
Feigling wird ruhig

Mit der Dunkelheit als treue Weggefährtin an Feiglings Seite ging es in aller Seelenruhe stetig weiter den Baumstamm hinauf.

Dieser Fahrstuhl schien unendlich viele Stockwerke zu passieren. Auf eine ihr unerklärliche Weise drang diese Ruhe ein in ihre kleine Seele. Ihre Protonen gewannen an Gleichschritt, das Zappeln der Elektronen ließ langsam nach, vielmehr war es, als würden sie sich im Rhythmus eines Blues eng umschlungen wiegen. Eine stoische Gelassenheit schwang durch Feigling.

Die Fahrt nach oben verlangsamte sich. Die Ruhe indes füllte dieses seltsame Fahrstuhlmobil weiterhin aus. Es war, es war.., fast.., schön. Aber nein, kreiste es Feigling, kurz aus dem Takt gestolpert, um ihre Kerne.

Das ist sicher dieser wohlige Zustand, den man durchkreuzt, wenn das Aus einen unvermeidlich im Visier hat. Natürlich kommt dann diese Ruhe auf! Eine erzwungene Ruhe, denn es gibt nichts mehr zu tun. Entkommen unmöglich. Alle sie umgebenden H_2Os wirkten wie versunken in ihrer vermeintlichen Misere. War dies ein Trost, dass es nicht nur ihr alleine an den Kern ging?

Nein, irgendwie nicht, etwas stimmte hier nicht. Gemeinsame Misere fühlte sich anders an. Das wusste Feigling, und wie sie das wusste! Hier lief doch etwas völlig anderes ab. Aber was? Manchmal ist es nicht einfach zu unterscheiden, ob ein Schrei vor Schmerz

oder vor Wonne den Raum flutet.

Und hier war es diese Ruhe, die Feigling nicht einordnen konnte. War es der erstarrte Schrei, der aus blankem Entsetzen vor dem Aus die Kehlen nicht mehr losließ? Oder die Geborgenheit, in Gottes Schoß zu sitzen, die einfach da war, jedes Regens müßig.

Sein - sonst nichts.

Feigling konnte sich nicht entscheiden, was sie da genau umgab.

Doch eines wurde sie gewahr: entschied sie sich für die pure Angst, würde sich diese undefinierbare Ruhe auch nicht aus der Ruhe bringen lassen, und es würde ihr dabei zum Bersten elend gehen.

Warum also nicht, sich diesem Gefühl der hemmungslosen Verbundenheit mit der Ursuppe, diesem einfachen Sein, hingeben. Schien in jedem Falle erquickender.

Der Fahrstuhl kam zu einem Stopp.

13
Annabell auf Koffersuche

Es waren zu viele Jahre vergangen, dass sie behände einen Koffer gepackte hatte.

Koffer, wo waren eigentlich die Koffer? Annabell ging hinab in den Keller. Hoffentlich traf sie niemanden der Nachbarn, so in ihrem Haushaltskleid und mit ungekämmten Haaren. Zum Reden - auch schon ein 'Guten Abend' galt für sie als Gespräch - war ihr gar nicht zumute.

Doch jetzt, um halb zwei Uhr nachts, standen die Chancen gut, ungesehen die drei Treppen runter und wieder hoch zukommen.

Der Keller war ein Chaos. Hierhin hatte sich ihr Mann verkrümelt, wenn die Kinder Ärger machten. Und seit diese aus dem Haus waren, blieb dort unten alles unberührt. Leere Kartons, zerbrochene Weihnachtskugeln, Marmelade von 1967, kaputte Kinderfahrräder, ein defektes Schlauchboot gleich über dem Eingang.

Sie hatte ihn gebeten, es wegschmeißen zu dürfen, doch man könnte aus dem Material ja noch eine Abdeckplane für ein Mofa des Erstgeborenen machen.

Sie hatten nie ein Mofa. Dann bat sie ihn, es in einen Karton packen zu dürfen, um es weiter hinten in einer Ecke zu verstauen, denn es bei jedem Kellergang wie ein Damokles-Schwert über sich hängen zu haben, war schwer für sie. Er hatte sie ausgelacht. Dann wurde es nie wieder erwähnt.

Nun stand sie genau unter diesem Schlauchboot.

Für sie roch es nach Blut und nicht nach Gummi.

Wie immer klopfte ihr Herz.

Sie sah das erste Mal bewusst nach oben und riss es hektisch mit aller Gewalt herunter. Ein Zehntel ihrer Kraft hätte lässig gereicht, und sie ärgerte sich über sich selbst, über ihre unkontrollierte Wut und den Staub, den sie damit unnötigerweise aufgewirbelt hatte. Nur weg damit, hallte es stetig durch ihren Kopf. Sie überflog mit hektischen Blicken all die Gegenstände im Keller auf der verzweifelten Suche, das Ding irgendwo hinein stopfen zu können. Kein Karton schien groß genug, groß genug für ihren Schmerz. Ihr Blick streifte einen Koffer. Sie stürmte geradezu auf ihn los, zerrte ihn zwischen den anderen Teilen hervor, wurde fast wahnsinnig, als sich die verrosteten Metallschlösser nicht gleich öffnen ließen und atmete Staub und Erlösung ein, als der Deckel endlich hochging und er leer war.

Wie eine vom Sieg besessene Schlammringerin presste sie das Gummiboot in seinen neuen Sarg und klappte ihn zu, abermals nervös, die Metallschlösser zu zukriegen. Es gelang. Sie schleppte den schweren Koffer, Stufe um Stufe aufsetzend, zum Hausausgang, schleifte ihn um das Haus herum und stemmte ihn in die große Restmülltonne.

Das Poltern echote durch die stille Siedlung. Ein Fenster öffnete sich und ihr meist verhasster Nachbar lehnte sich im Feinripp über die Fensterbank.

„Ich dachte, Sie hätten ihn verbrannt! Alte Hexe! Soll ich Ihnen einen Besen runterwerfen, damit Sie etwas leiser vorankommen?“.

Er lachte unsicher. Seine Frau schob ihren Lockenwickler gekrönten Kopf neben ihm durch die Fensteröffnung.

Annabell sah zu den beiden hoch, klatschte den Dreck von ihren Händen und sagte mit Eiseskälte:

“Sie sind der Nächste!“

Die Lockenwickler wichen umgehend zurück, das Feinripp nuschelte etwas von wahnsinnig, verrückt, Arzt rufen, und wieder Hexe, dann war auch er wieder hinter Doppelglas.

20
Ich und mein Echo

Allumfassende Ruhe umarmte mich in meiner klammen Höhle. Die undurchdringliche Dunkelheit ließ mich leicht erschauern. Doch diese Ruhe faszinierte mich. Ansteckend, auf ihre Weise.

Ich merkte gar nicht, dass andere H_2Os mit einer unfehlbaren Gelassenheit an mir vorbei nach oben drifteten, während ich langsam tiefer sank.

Die Zeit schien hier reiner Überfluss zu sein. Keinerlei Strömung, keine Idee von Wind. Bewegungslosigkeit vom Feinsten. Ja, fein, hier war alles sehr fein.

Feinste Schwingungen durchzuckten mein Inneres. Um mich herum war alles gespenstisch still, und in mir fing es an, ganz schwach, fast zärtlich zu vibrieren. Was ist das, fragte ich mich, leicht erstaunt, schwer neugierig. Ich wusste gar nicht so recht, wie mir eigentlich war, ja, was mir hier eigen war.

Auf alle Fälle Neugierde, das war sicher. So fasste ich mir einen Kern und hauchte kaum hörbar in die dunkle Stille hinein:

„Huhu..“

„Huhu..“, kam es von allen Seiten zurück. Die Ruhe legte sich wieder über alles Sein.

„Huhu?“, flüsterte ich ein weiteres Mal, diesmal ein kleines bisschen unvorsichtiger.

„Huhu?“, kam die ebenso unvorsichtige Antwort.

Antwort? Es war nichts als ein Echo. Mein Echo.

Dieses nichts als Sein um mich, warf mich gnadenlos auf mich selbst zurück. Ich probierte es dennoch wiederholte Male, ein hallo, salut, ciao, olà und und und, mal geflötet, mal getrommelt, doch immer nur, um mein eigenes Rufen erwidert zu bekommen.

Sonne und Mond spielten unterdessen sehr häufig mal Verstecken, mal Fangen. Ich gab das Fragen auf, und begann, meine bisherigen Antworten zu sortieren, Information, Polarität...

Die Finsternis um mich änderte sich keinen Deut.

21
Feigling in Zielrichtung

Feiglings Baum verteilte emotionslos seine Wasservorräte den Stamm hinauf, mal nach links und dann wieder nach rechts, in die Äste hinein.

Einige mit transportierte H_2Os verließen mit einer beneidenswerten Trägheit den Fahrstuhl, als stünden sie unter Drogen. Feigling schoss es kurz durch den Kern, sie nach ihrer Bezugsquelle zu fragen. Doch was hatte das für einen Sinn, betäubt ins Aus zu eiern. Dann doch lieber erhobenen Kerns, mit geschwellten Protonen, geputzten Neutronen und stolzen Elektronen. Nein, die Würde ließe sie sich niemals nehmen.

Der Fahrstuhl ruckte und kroch weiter nach oben. Wieder ging es an unzähligen Stockwerken vorbei, gemächlich im gleichen schneckenhaften Tempo, aber durch und durch zielstrebig.

Und da war das Aus... aus mit nach oben. Seitwärts

schlängelte sich die Fahrstuhlkabine weiter.

Feigling durchdrang diese Zielstrebigkeit. Das Gefühl des nicht entkommen Können`s umspülte wieder ihre Kerne, doch diesmal war es nicht mit jener angsteinflößenden Leere geschwängert. Sie spürte, wie ihre Elektronen zuckten und zögerlich wagten, darüber nachzudenken, das Tanzbein zu schwingen. Hier war so viel Zeit, doch es blieb keine für ein Zaudern.

Zu viel Zauber lag in diesem Augenblick.

Und im nächsten.

Und schon wieder einer.

Feigling durchströmte immer schneller und gewaltiger die pure Energie eines Ziels. Welchen Ziels auch immer, zu unwichtig, zu nichtig, zu Zeit verschwendend, dem nachzuforschen.

Es war ihr Ziel, ihr ureigenes Ziel, soviel erkannte sie. Sie konnte diesen Sog, hin zu diesem – welchem auch immer – Ziel, unmöglich abbremsen. Und wollte es auch gar nicht. Obgleich sie sich – aus alter Gewohnheit – schon fragte, was hier mit ihr geschah.

Das musste jetzt wohl die Phase sein, in der das Leben noch einmal an einem vorbei rauscht. Schon hatte sie die Bilder von Enge, Dunkelheit, Einsamkeit und den letzten Flug aus dem Vogel vor Augen.

Doch die Erinnerung an den Gestank verblasste, die quälenden Bilder wurden von Freude abgelöst. Von Freude abgelöst? Feiglings Protonen jubilierten, sie war fassungslos. Es löste sich etwas, anderes verband sich, das Ziel rutsche näher, beziehungsweise sie dem Ziel, greifbar nah.

Licht drängte sich schwach ins Dunkel, und Feigling mit hüpfendem Kern ins Ziel.

14
Arthur und die Rote

Vier Kapitelchen weiter konnte er nicht anders:

„Fliegen Sie geschäftlich oder privat nach Spanien?“ fragte er seine Sitznachbarin mit gespielter Neugier.

„Privat. Und Sie?“ kam eine wohlerzogene freundliche Antwort.

Angenehme Stimme, dachte er. Warum musste sie nur so rothaarig sein?

„Privat, ausnahmsweise mal privat. Muss auch mal sein, nicht wahr?“

„Unbedingt. Sonst rauscht das Leben an einem vorbei, und auf dem Sterbebett denkt man nur noch 'habe ich auch den Rechner runtergefahren?'“ Sie lachte sanft.

Gott, wie angenehm. Ihr Näschen hatte sich dabei verführerisch gekräuselt.

Sie musste es also auch wollen. Süß.

„Ich bin Arthur, und ich würde mich freuen, wenn Sie mir das schlechte Essen hier versüßen könnten. Darf ich Sie auf einen Drink einladen?“

„Immer doch. Ich heiße Dagmar, angenehm.“ Sie gab ihm lächelnd ihre mit Sommersprossen überzogene Hand. Er hatte sie in der Hand.

„Vielleicht einen Rotwein?“ Er zuckte bei seinem 'rot' zusammen, doch es war unverfänglicher, als er annahm.

„Gerne, ja."

Er winkte die Stewardess heran und bestellte.

„Machen Sie Urlaub oder besuchen Sie Freunde?", wollte sie wissen.

„Ich mache Urlaub, und, ganz ehrlich, besuche ich mich auf Anraten meines Arztes mal selber."

Wo sie möglich war, kam Ehrlichkeit immer hervorragend an.

„Das müssen Sie mir erklären!"

Der Wein kam, er bezahlte, sie prosteten sich auf einen guten Flug kurz zu und tranken. Arthur wusste, dass unter 'Flug' vieles zu verstehen war. Er frohlockte bei sich auf ein schönes Schäferstündchen mit einer Roten, als er die Gläser nachfüllte.

„Nun, man muss ab und zu innehalten und schauen, wo man steht. Und da ich das vor lauter Arbeit.."

'..und Frauen..' lies er ungesagt..

„..nicht schaffe, gönne ich mir jetzt eine kleine Auszeit."

„Sehr löblich, Arthur, gut gemacht."

Grober Fehler, Rote, nicht mütterlich werden, das ist unsexy. Aber das kriegen wir noch. Er blieb im unverfänglichen Plauderton.

„Und Sie? Wo genau geht Ihre Reise hin? Ich habe nämlich noch kein festes Ziel. Wenn Sie mir also etwas empfehlen könnten, wäre ich sehr dankbar."

„Nun, wir landen in Barcelona, und an Ihrer Stelle würde ich gar nicht viel weiterziehen. Es ist eine traumhafte Stadt, sie hat einfach alles. Leben, Kunst, Kultur, Strand, Geschäfte, Restaurants und wunderschöne verschlafene Vororte an der Küste entlang. Da könnten Sie zur Ruhe kommen. Hätten nahe der Stadt nicht das Gefühl, verloren zu sein, aber haben die beschauliche Stille."

Arthur dachte, falsch eingeschätzt, Püppchen, macht aber nichts. Er hakte nach:

„Darf ich fragen, wo Sie absteigen? Wäre das nicht auch was für mich?"

„Ich denke, mein Mann könnte etwas dagegen haben, wenn ich jemand Fremden in unserem Gästezimmer einquartiere."

Sie genoss es regelrecht, da war sich Arthur sicher, ihn in diesen Dolch laufen zu lassen. Siebzehn Euro, grassierte es ihm durch den Kopf, siebzehn verfluchte Euro für diesen schlechten Wein, für diese schlechte Rote. Er musste sich gehörig zusammenreißen, diesen Dolch, aus seinem Leib ziehend, ihr nicht zwischen die Augen zu rammen.

„Sie sind mit einem Einheimischen liiert, das ist ja toll. Könnte er mir nicht ein gutes Hotel empfehlen?"

Souverän geblieben, Kurve gekratzt.

„Seine Eltern betreiben eine recht schnuckelige Pension in der Altstadt. Ist aber etwas laut. Ich kann Ihnen natürlich gerne die Adresse aufschreiben."

„Oh, das wäre sehr nett, wunderbar."

Er wusste schon jetzt, dass er den Zettel nicht einmal als Lesezeichen benutzen würde.

Also doch, zurück zum Buch.

22
Die Ruhe infiziert mich

Ohne dass ich es im Entferntesten mitbekam, arbeiteten Sonne und Mond ihre Schichten tapfer durch, viele Schichten. Für mich blieb meine dunkle Stille zeitlos. Ich war ausgeschlossen von jeglichen Äußerlichkeiten, eingeschlossen ins Innere. Mit mir allein und doch neben, unter und über mir Abertrillionen von Mitstreitern.

Allein unter vielen?

Genau, da war doch das mit Teilung und Verbundenheit, dass beides da ist, ungewertet, nebeneinander oder sogar miteinander verflochten? Ich dachte mir, fast schon in verträumter Melancholie, dass da ein reines Chaos in mir herrschte.

Reines? Chaos?

Selbst das fühlte sich miteinander verbunden an. Ich lehnte mich innerlich zurück und genoss meine vollste Leere.

Mit der Zeit wurde mir leichter um die Kerne. Bald darauf meinte ich sogar zu spüren, dass sich irgendetwas bewegte, nicht wirklich und doch schien ich an einem anderen Ort zu sein als vor kurzem, also satte Millimeterstel weiter oben.

„Willkommen“ streichelte es sanft meine Elektronen von links. Ich war verwundert, hatte ich doch schon seit längerem die Hoffnung aufgegeben, dass hier irgendjemand mit mir sprach.

„Danke“, flüsterte ich schüchtern zurück.

„Hast dich gut erholt?“, strich es mir nun über`s Proton.

„Ja, schon, wovon denn?“, wagte ich eine Frage.

„Von der Reise. Da gilt es, die Eindrücke, all die neuen Informationen erst einmal zu sortieren. Erst dann ist wieder Platz für Neues. Ich bin übrigens H_2O-Ruhe. Es gibt hier im Berg recht viele von uns.“, antwortete die Ruhe.

Ich schwärmte leise zurück:

„..angenehm..“.

„Ja, angenehm, nicht wahr?“, fuhr die Ruhe fort, „wir empfangen euch Neuankömmlinge und bleiben an eurer Seite mit der einzigen und steten Information der Ruhe. Sobald ihr euch beruhigt habt, werdet ihr leichter, und damit entlassen wir euch aus unserer Schule, auf geht`s, Kleiner, du kannst aufsteigen, alles Liebe dir.“

Und damit war die Ruhe wie vom Erdboden verschluckt. Meine Neugierde erwachte auf`s Neue und trieb mich langsam in die Höhen.

Einen Zentimeter.

Hier fand ich mich inmitten einer ganzen Reihe von leise jedoch flink hin und her tuschelnden Kommilitonen. Meine Aufregung nahm zu, doch je schneller meine Elektronen sausten, desto weniger vermochten sie auch nur einen Gesprächsfetzen aufzufangen.

Du hast die Ruhe verloren, schallt ich mich. Und mit der nächsten Umkreisung erinnerte ich mich an die Ruhe, ja, ich hatte sie verinnerlicht, trug sie in meinem Inneren.

Dieser gewahr und mich auf ihre Schwingung einpendelnd, vernahm ich plötzlich jeden einzelnen Ton meiner Mitschwimmer klar und deutlich.

23
Feigling erkundigt sich beim Alten

Feigling glitt über Stunden in einem Ast entlang und rutschte schließlich in eine Frucht hinein.

Da war sie nun, lila Licht durchströmte sie, küsste jedes einzelne Elektron, umschmeichelte ihre Kerne, ihre Protonen ergaben sich in einem Kniefall.

Das Gefühl des Ankommens, des Einlaufens nach schlimmsten Stürmen in einem Hafen, das musste Gottes Schoß sein.

War dies die quälende Reise wert?

Aber ja!

Ja und gleich nochmal ja!

Halleluja, sie war am Ziel.

Feigling konnte es nicht glauben, aber sie wusste es, tief in ihrem inneren Kern, in der letzten Schublade, da leuchtete es, sie hatte den Sinn ihres bis dato kläglich empfundenen Daseins begriffen. Feigling hatte ihr Ziel erreicht.

Überwältigt von ihrem eigenen Glanz fiel ihr erst nach und nach auf, dass um sie herum ein einziges Hosianna stattfand. Lila Strahlen aus allen Richtungen.

Da waren Moleküle, die sich triumphierend auf die Schultern klopften, andere schwebten in engen Reigen, wieder andere umarmten sich, als würde es kein Morgen geben. Kein Morgen geben? Na wenn schon, wozu ein Morgen, wenn hier und jetzt das Ziel war? Feigling taumelte vor purer Freude, nur am Rande – und aus alter Gewohnheit – ließ sie das eine oder andere Elektron schweifen: das Jetzt war wundervoll, aber was war das Hier?

Wo war sie überhaupt? Bei einem H_2O versiegt die Neugierde niemals, wenn diese auch noch so verkümmert sein mag. Immer noch mit einem jubilierenden Lächeln im Kern fragte sich Feigling freudvoll wie freundlich durch die Moleküle in ihrer Nachbarschaft durch, bis sie auf einen alten Kern stieß. Dieser erschien ihr klug und reif genug, um ihm ihr Innerstes kund zu tun.

Beschwingt fragte sie ihn:

„Hallo, ich bin H_2O-Feigling, kann mich vor Freude kaum mitteilen, denn ich habe Fürchterliches erlebt, dachte ständig, das Aus ist hinter mir her, und jetzt fühle ich mich angekommen, angekommen an meinem Ziel. Ich schwelge in Glückseligkeit als wollte oder musste ich einfach genau hierhin. Klingt vielleicht etwas undankbar, aber wo bin ich hier eigentlich?“

Der Alte legte sein Proton schief und sah sie amüsiert an.

„Du musst Feigling sein, zuckersüße Feigling.“

Sein Lächeln umkreiste seinen gesamten dicken Kern.

„Du sitzt in einer Feige!“

15
Annabell und ihr altes Gepäck

Jetzt hatte sie den einzigen Koffer weggeschmissen! Annabell raufte sich die Haare. Im Keller hatte sie keinen mehr gefunden. Und sich durch alle zugestellten Ecken zu graben, fehlte ihr die Geduld.

Zurück in der Wohnung durchstreifte sie die Zimmer, immer mit dem Gefühl, irgendwo musste noch einer sein.

Sie hatten mal zwei Koffer, da war sie sich ganz sicher. Alle zwei Jahre waren sie mit den Kindern in Urlaub gefahren. Unzählige Taschen und zwei Koffer. Obgleich es damals aufkam, Koffer mit Rollen zu haben, weigerte sich ihr Mann, neue zu kaufen. Die alten waren noch stabil. Klar, gute deutsche Wertarbeit und kaum gebraucht. Die hielten. Er schleppte sie ja auch nicht. Seine sich selbst zugeteilte Aufgabe bestand darin, das Auto reisefit zu machen, Reifendruck, Öl, Sprit, fertig. Der Rest blieb an ihr hängen. Schließlich hatte er gearbeitet und brauchte nun seinen entspannenden Urlaub. Also nichts tun. Es ging dann entweder in eine Ferienwohnung nach Süddeutschland, oder nach Norddeutschland, das Geld blieb im Staat!

Kein Wunder, dass die Kinder jetzt im Ausland lebten. Nachholbedarf.

Und da war er! Auf ihrem, seinem Kleiderschrank, von einem alten Vorhang abgedeckt. Quasi all die Jahre griffbereit! Sie kratzte sich ihre Ohren. Wie konnte sie das vergessen haben, vor ihren Augen!

Nun kam die zweite große Herausforderung: was nahm man mit?

Die dritte: auf eine nie getätigte Schiffsreise?

Sie stand nicht vor einer Wand, nicht vor einem Berg, ein ganzes Gebirge tat sich vor ihr auf. Sie ließ sich rücklings auf ihr Bett fallen.

Er war tot, und hatte sie letztlich immer noch an der Kandare. Verzweiflung kroch ihr ins Genick.

Noch sechs Stunden bis Reisebeginn, noch sechs Kapitel lesen, dann pack` ich`s und packe, befahl sie sich.

24
Schulstunde Teilung und Verbundenheit

„In der Ruhe liegt die Kraft."

„Nichts bleibt wie es ist."

„Alles ist ein Teil von allem."

„Anfang und Ende gehören zusammen."

„Ohne Teilung keine Verbundenheit."

„Ohne Verbindung keine Teilung."

Auf mich prasselten Informationen nieder, die ich gar nicht zu fassen wusste. Ich mischte mich mit aller Sprachgewandtheit, die mir momentan offen stand, ein:

„Hä?"

Ein Mitschwimmer stoppte und klopfte mir vertraulich auf`s Neutron.

„Schau`, ohne Verbindung keine Teilung, kannst du dir wunderbar am Beispiel Mensch ansehen. Erst müssen sich zwei Teile, also hier Weibchen und Männchen, und damit Eizelle und Samenzelle, miteinander ver-

binden. Erst dann wiederum kann die Zellteilung starten."

„Aha", mehr kam nicht aus mir raus.

Ein anderer Mitschwimmer knuffte mir ins Protron.

„Und dieses eine, was aus dieser Verbindung neu entsteht, ist vollgestopft sowohl mit den Informationen des einen als auch des anderen Teils. Und diese Verbindung ergibt wiederum ganz neue Informationen, so wie aus blau und gelb grün wird."

Ein weiterer mischte sich ein.

„Und diese neuen Teilchen, ihr hattet das Beispiel Mensch, nicht wahr, also dieses Baby hat noch unglaublich viel Speicherplatz, so dass es wie ein Schwamm weitere Informationen aufsaugt – siehst du ja an dir selbst, nicht wahr? Jedenfalls trägt dieser frische Mensch auch die Urinformation in sich: wieder eine Verbindung herzustellen."

Plötzlich musste ich an Feigling denken.

Ich vermisste sie sehr, sehnte mich geradezu schmerzlich nach ihr. Und doch, ich entsann mich der weit hinter mir liegenden Zeit, als ich im Meer Seite an Seite mit ihr dahinwogte, war dies nicht genug gewesen. Es ging mir gut damals, aber ich war unzufrieden, gelangweilt. Ich wollte mehr.

Der Mitschwimmer meldete sich wieder.

„Ich höre es in dir klingen, lieber Freund. Und du hast recht, es geht nicht nur um Teilung und Verbundenheit und die Erkenntnis, dass beides Sinn macht, beides da sein muss, wenn es ein Weiter geben soll."

Ein anderer rief uns zu:

“Wisst ihr eigentlich, was ich am besten finde? Dass es weiter geht, liegt nämlich nur an uns! Uns H_2Os! Alles andere Gesocks ist viel träger als wir und gibt sich zufrieden mit dem Zustand, in dem es ist. Aber wir, das leichteste Molekül auf Erden, uns ist die Neugierde eingepflanzt. Und die mischt sich ein. Und wir sind in der Überzahl. Mit uns kann man alles lösen, wir sind die universelle Lösung! Wir nehmen uns allem an, wir passen uns allem an, wir schauen uns alles an, wir informieren uns über alles..“

„Genau,“, unterbrach ihn ersterer, „wir nehmen die Informationen auf, doch es gilt, sie auch zu ordnen. Und deshalb, lieber Freund, bist du hier.“

Mir schwirrte es um die Kerne. 'In der Ruhe liegt die Kraft' wurde zu meinem Mantra, sonst wäre ich auf der Stelle geplatzt.

Vorsichtig fragte ich:

“Und wo bin ich hier genau?“

In der Ruhe, in der ich schwebte, war ich gelassen darauf gefasst, dass nun ein heilloses Gelächter ausbrechen würde. Es blieb aus.

Stattdessen kam aus einer ganz neuen Richtung:

„ja, das würde ich auch gerne wissen...“.

„Ja, ich auch!“.

„Ich ebenso, sagt doch mal, wo in aller Welt sind wir hier?“

„Es müssen hier doch sicher ein paar H_2O-Wisser unter uns sein, oder?“

Ich merkte auf, H_2O-Wisser? Von dem sprach der

Denker!

Von oben ertönte eine sehr tiefe Stimme.

„Wir sind nicht unter euch, wir sind über euch, freut euch!“

Die letzten zwei Worte ließ viele in schweigendes Grübeln verfallen. Ich war zu erschlagen von alle dem und konnte nicht mehr klar denken.

So entschied ich mich, die Worte ganz einfach wörtlich zu nehmen und freute mich. Die Vorfreude auf den Wisser ließ meine Elektronen tanzen und es dauerte keinen Flossenschlag, schon spürte ich mich in höheren Gefilden schweben.

25
Feigling kapiert`s

„Ich sitze in einer Feige!“

Feiglings Elektronen schleuderten um ihre Kerne. Sie pulsierte vor ungebrochener Freude und das Wissen nun um ihren neuen Sitz ließ ihre Kerne umso mehr leuchten.

Feigling in einer Feige!

Wo denn auch sonst?

Natürlich gehöre ich in eine Feige!

Und meine Feigheit hat mich dahin gebracht, ist das zu fassen!

„Du hättest auch früher einmal jemanden fragen können, richtig?“, stupste sie der Alte und fügte hinzu: „oder auch dich selbst.“

Feigling antwortete fortwährend glühend vor Glück:

„Ja, sicher, das hätte ich. Aber ich war wohl zu sehr mit meinem Elend beschäftigt. Wenn schon, ich bin angekommen. Obgleich ich mich selbst etwas wundere, warum mich die Freude so ausgiebig durchzuckt, wo ich doch lediglich in einer Feige sitze."

Der Alte sah sie wieder schief an, diesmal mit ernsterer Miene.

Feigling setzte daraufhin schnell nach:

„Nicht, dass ich Feigen nicht unglaublich toll fände, nein, hier zu sitzen ist bestimmt eine große Ehre. Es ist sagenhaft, ganz sicher."

Die ernste Miene des Alten blieb unverändert. Feigling machte das noch nervöser, sie plapperte weiter:

„Feigen sind großartig, ich wollte schon immer mal in einer Feige sitzen, wirklich, es ist fabelhaft!"

Der Alte blieb wie versteinert, da war nur ein klitzekleines Fünkchen, das um seine Kerne hüpfte. Feigling verunsicherte dies zusehends, was hatte das zu bedeuten, machte er sich über sie lustig, schäumte er vor Wut und versuchte er krampfhaft, diese höflich zu verbergen, hatte sie ihn im Kern beleidigt?

Was war hier los?

Ihr noch stetig glucksendes Glück gab ihr den Mut, in die Offensive zu wackeln:

„Nochmal, Feigen sind toll. Doch diese ungeheure Freude, die ich spüre, kann nicht wirklich daraus resultieren, dass ich in einer Feige sitze, oder?"

Sie putze ein paar Elektronen, um so eine völlige

Gemütsruhe vorzutäuschen, wenngleich sie innerlich fast zerbarst vor Gespanntheit, was jetzt passieren würde. Würde sie der Alte der Feige verbannen? Schluss, aus, das Aus? Oder würde er Milde walten lassen, sie nur mitleidig eines Hitzkernes bezichtigen, womit er wahrscheinlich Recht hätte.

Sie lackierte ihre Protonen und hoffte weiterhin, ihre direkte Äußerung mit dieser defensiven, harmlosen Haltung kaschieren zu können.

Immer noch spukte dieses Fünkchen Glut um den Kerne des Alten. Es wurde größer und fing an zu springen, auf und ab, hin und her, bis es zu einem der sympathischsten Grinser wurde, den Feigling je gesehen hatte. Er sprach:

„Deine Glückseligkeit ist das Ankommen an deinem Ziel. Du erfüllst den Sinn und Zweck deines Daseins. Diese Erfüllung ist es, die dich tanzen lässt. Als Feigling war dein Ziel eine Feige. Das ist alles.“

Er lehnte sich lachend zurück und sie hätte ihn knutschen können.

16
Arthur kommt in Barcelona an

Jetzt erst recht! Ein paar Nächte Durchtanzen in Barcelona. Ohne Stress, jemanden abschleppen zu müssen.

Arthur wollte ausspannen. Aber nicht mit einer Rothaarigen! Und schon gar nicht nach ihren Regeln. Wenn es gar nicht anders ging, dann nahm er eben eine - Blondine wie immer - mit auf`s Zimmer, egal, er würde ja nicht lange hier bleiben und seine Spuren wären wieder verwischt.

Eigentlich war dies hier die beste Methode, seinen Spaß zu haben, ohne den anstrengenden Ausweichmanövern im Nachhinein, wie es zu Hause oft der Fall war. Die Frauen stiegen ihm nach, schafften es sogar, über sein Autokennzeichen an seine Handynummer zu kommen. Schlau waren sie schon. Aber nicht weise, denn dann wüssten sie, dass das alles keinen Zweck hatte.

Er checkte im noblen Viertel in ein fünf-Sterne-Hotel ein, nur so kann man sicher sein, dass einen keine Insekten beim Schlafen beobachten. Dann stolzierte er in der Menschenmenge badend die breite Ramblas hinunter gen

Meer. Erstmal einen Drink am Wasser, das war ein guter Plan. Die Spanierinnen waren wirklich ein schönes Volk. Und diese attraktiven Gesichter vor der Kulisse Barcelonas, Gott, ging es ihm gut.

Der warme Südwind trug ihm Salzluft in die Nasenflügel. Er atmete ein und auf, und schallt sich selbst einen Idioten, nicht schon längst einmal eine Auszeit genommen zu haben.

An der Hafenmole wollte er sich in Ruhe die sauberste Bar aussuchen, blieb aber schon an der ersten hängen. In elegant aufreizender Haltung schwebte eine schwarzhaarige Schönheit am Tresen, ganz allein. Noch. Er stellte sich angemessen nah daneben, bestellte sich ein Bier und ließ der Schönheit den Cocktail Sex On The Beach servieren. Mit süffisantem Lächeln erhob er sein Glas und prostete ihr zu.

Als sie morgens sein Hotelzimmer verließ, konnte er sich nicht mehr an ihren Namen erinnern. Egal. Seine Magenschmerzen kamen wieder, als er sie am Nachmittag in der Hotellobby sah. Spanierinnen waren also genauso anhänglich. Bevor sie ihn hätte entdecken können, schlich er sich zurück auf sein Zimmer. Eigentlich nur wegen der Schmerzen, er musste Medizin nachtanken und nachdenken. Er bekam nicht mit, dass die Schöne sowie ihr Gepäck von ihrem Chauffeur abgeholt wurde.

Arthur durchstöberte die Hotelbroschüren und stieß auf einen Werbeflyer für eine Kreuzfahrt, Einschiffen in Barcelona, heute Abend.

26
Ich bin bipolar!

Nun hatte man uns tatsächlich den Wisser in Aussicht gestellt. Oh ja, ich freute mich, und wie! Trotz der undurchdringlicher Schwärze, die mich immer noch umgab.

Das einzige, was ich spürte, nebst meiner berstenden Freude, war dieses seltsame Aufsteigen. Nicht, dass ich paddelte oder irgendetwas aktiv zu meiner Fortbewegung beitrug. Und doch konnte ich wahrnehmen, das es nach oben ging. Woran dies lag, war mir schleierhaft. Ich rätselte nicht wirklich, so wie es die meisten meiner Mitstreiter offenbar taten und auf der Stelle traten.

Ich ließ mir indes die Freude nicht mindern. Woran es auch immer liegen möge, dass es mich weiter nach oben schwemmte, es fühlte sich herrlich an, bereichernd, ja genau, bereichernd.

„Es ist eine Anreicherung“, wallte es in sonorem Ton zu mir hinüber.

Ich war fasziniert, einen so vollen Ton hatte ich selbst in der sattesten Welle auf offenem Ozean noch nie gehört. Es war ein einziges Beben und doch klirrend klar.

„Wo bin ich hier?“, wollte ich mutig wissen, denn ich war mir sicher, dass dies nun die richtige Stelle war, um diese Frage zu stellen. Ich wurde bestätigt.

„Du bist hier tief in einer abgeschlossenen Höhle eines Berges. Der einzige Weg nach draußen ist oben eine sprudelnde Quelle, du wirst sie bald erleben, denn du hast deine Gravitation schon hinter dir und bist mitten in deiner Levitation.“

Gravitation, die kannte ich gut, das meiste allerdings aus Feiglings Erzählungen.

Aber „Levitation?“, musste ich nachfragen.

„Alles bewegt sich ständig zwischen zwei Polen, wie auch du selbst, als bipolares H_2O.“, hallte es in wohltuendem Bass.

Mir ging der Denker durch die Kerne, hatte der nicht schon etwas von Polarität gefaselt, was mich damals zwischen die Palmenblätter brachte? Der musste also auch schon mal hier gewesen sein und mit dem Wisser gesprochen haben. Mir wurde wärmer um den Kern, denn langsam wurde ich mir meiner heiligen Situation bewusst. Und sofort glitt ich wieder ein Stück weiter nach oben.

„Du hast fürwahr eine schnelle Auffassungsgabe. Deine heilige Situation ist eine heilende. In all diesen uralten Gesteinsschichten, die uns hier einschließen, die uns mit Jahrmillionen alten Informationen der Ursuppe speisen, verpuppt sich die Leichtigkeit des Seins. Alles ist letztlich nichts anderes als Sternenstaub.“

Ich blickte verträumt drein.

„Wenn ein Stern stirbt, gibt er damit seine Stoffe, seine Gase im Wolkennebel frei, aus welchem sich wieder Leben bilden kann. Sein Stickstoff steckt in jeder DNA, sein Sauerstoff wird billionenfach zum Antrieb verwandt. Alles ist eine Form von Energie, die sich nur wandelt, aber nie vergeht. Dieser Wandel ist reine Physik, so ist auch die Levitation ein einfaches Erdengesetz. Ist etwas schwer, ob ein Körper oder ein Geist, zieht es ihn nach unten. Ist etwas leicht, wird es nach oben gespült."

Ich musste dazwischenfragen: „Und was macht es schwer oder leicht?"

„Die entsprechende Information.", gab`s als Antwort.

Das ließ mich unbefriedigt, der Wisser wusste dies und fuhr fort.

„Das ist erst der Anfang. Das Entscheidende ist die Entscheidung – womit wir wieder in der Polarität sind. Ihr hattet das Beispiel Mensch. Er hat sternenviele Informationen in sich. Er muss sich allerdings entscheiden, welchen er folgt. Und was ihm gut tut oder nicht, liegt ganz bei ihm beziehungsweise in ihm. Dem einen das, dem anderen dies.

Wertung ist eine Erfindung der Macht, der der Mensch aber nie Herr sein wird. Er bewegt sich zwischen den zwei Polen der Angst und der Liebe. Vor lauter Angst erfindet er die Macht, um die Liebe an sich zu binden, womit sie schon verloren ist. Ließe er los, würde die Liebe ihm magisch zufliegen. So wie du dich einfach der Freude hingabst und schon levitiertest du gen Quelle. Das eine ist nicht schlechter oder besser.

Die Menschen haben schwere Zeiten hinter sich, und so langsam befinden sich einige in levitiertem Zustand. Irgendwann spült es sie nach oben, alle. Und dann geht`s wieder runter. Das ist die ganze Magie: seit der Teilung lebt das Streben nach Verbindung. Ist

wieder alles verbunden, keimt die Teilung erneut auf. Das wird wahrscheinlich so weitergehen, bis die Polarität nachlässt.“, schloss der Wisser in tiefer Einkehr.

Eine ganze Weile ließ ich das Gesagte nachschwingen. Die Gestirne hatten inzwischen häufig ihre Decke gewechselt. Ich blieb da, wo ich war, eine ganze Feigensaison.

17
Annabell reist los

Annabell saß im Bus, sie hatte es geschafft. Neben ihr stand der Koffer, halb leer. Als sie ihn in den Bus gewuchtet hatte, fluchte sie über sich und ihren Starrsinn 'Reise und Koffer', statt nach einer passenden Tasche gefahndet zu haben. Denn schwer waren nicht ihre Kleidungsstücke!

Ihr war mulmig zumute, es waren so viele Stationen, Bus, Zug, Flugzeug, Schiff. Ihr wurde schwindelig. Sie ermahnte sich, Schritt für Schritt vorzugehen, und die letzte Station: Schiff, noch ganz außer Reichweite zu lassen.

Jetzt nur auf die Busstation Bahnhof achten, damit sie rechtzeitig ausstieg. Sonst nichts. Sie sah ihren Koffer neben sich bedenklich wackeln, als der Busfahrer in die Eisen stieg. Wo hatte der seinen Schein gewonnen! Ihre Augen durchleuchteten den Koffer und sie sah das Gurkenglas. Beklommen stellte sie sich die Röntgenaugen der Sicherheitstests am Flughafen vor – davon hatte sie im Fernsehen erfahren. Die konnten eine Menge sehen, wenn sie wollten.. und wenn sie erst auf dem Schiff war, musste sie die richtige Stelle auf See herausbekommen.., dann musste sie immer noch Tabletten sammeln.. und dann war alles vorbei.

Wenn es denn nur schon vorbei wäre!

Der Bahnhof näherte sich, sie würde jetzt eine ganze Stunde Zeit zum Umsteigen haben.

Im Reisebüro hatte sie auf diese Zeitplanung bestanden, obgleich man sie dort unverhohlen belächelte.

Sie schleifte ihren Koffer zum Bahnsteig, dessen Nummer sie das vierte Mal auf ihrem Zugfahrschein verglich, und setzte sich auf den Koffer. Stabil war er. Sie durchforstete ihre Handtasche, Ticket, Geld, Taschentücher, Schlüssel, Lesebrille, Stift, Notizblock, Reisepass.

Alles da. Warum also war ihr immer noch so mulmig zumute? Ablenken. Sie schaute dem bunten Treiben auf dem Bahnhof zu, doch dies war ihr alles egal. Es ging ihr am Koffer vorbei.

Sie wartete stoisch auf ihren Zug, eigentlich auf ihr Ende, und wurde dabei auf's Neue unendlich sauer, dass der Kerl ihr noch nach seinem Tod das Schwerste abverlangte.

Warum tat sie es überhaupt? Um ihren Frieden zu haben. Um sich selbst in die Augen schauen zu können, wenn sie von der Bühne glitt.

Ihr fiel das Buch wieder ein, vielleicht sollte sie es noch zu Ende lesen vor dem Ende. Sie musste verbissen an den Metallschlössern werkeln, bis der Koffer das Buch entließ.

27
Feigling zu Hause ohne mich?!

Feigling hatte sich ihr neues Zuhause gemütlich eingerichtet. Sie fühlte sich pudelwohl, umgeben von gleichgesinnten Nachbarn. Anfänglicher Nachbarschaftstratsch reduzierte sich allmählich, denn es gab bald keine neuen Informationen auszutauschen. Man war sich einig. Die Feige wuchs heran, und es wurden Standorte neu ausgeformt, einige ihrer Nachbarn wanderten in die Vororte gen Schale, andere siedelten sich zu fadenscheinigen Gemeinden an.

Feigling selbst zog es zu einem der vielen Feigenkerne. Zu ihren blass-lila Vorhängen kamen gelbliche Möbel. Feigling und Feige entwickelten sich prächtig. Feiglings erste Euphorie wich kaum von ihrer Seite, sie wurde lediglich von Freude durchkreuzt und bisweilen tauchte sie in wohliger Zufriedenheit. Ein Zustand, den sie mit jeder Elektronenumdrehung genoss.

Sie lachte über sich selbst, wenn sie an ihre Ängste dachte, die sie während ihrer Reise durchschüttelt hatten. Als lächerlich empfand sie sie dennoch nicht, denn damals konnte sie nicht anders, als mit den Informationen zu leben, die sie hatte. Gut - sich ihren eigenen Namen etwas bewusster zu machen, das hatte sie eben einfach übersehen, sowas passiert.

Dass sie mir, Träumling, die Kernspaltung wünschte, verzieh` sie sich, indem sie mir jetzt alles Glück zurief. Doch mit den Glückwünschen für mich wuchs die Sehnsucht nach mir.

„Wo magst du sein? Wie ergeht es dir? Hast du ein Zuhause gefunden? Meins ist gelb und lila, ich würde es dir gerne zeigen. Und deins? Bist du glücklich?“, kreiste es ihr öfter um die Kerne.

Und immer häufiger reduzierten sich die Kreise auf eine Umdrehung:

„Bist du etwa glücklich ohne mich?!“

Die damalige Eifersucht hat sich inzwischen natürlich verwässert, was will man machen. Naja, ich könnte mich wieder einmal rar machen..

28
Ich muss mich entscheiden

Doch in jener Phase hatte ich ganz andere Standortprobleme.

Entscheidung. Ja, nein. Hier, dort. Alleine, zusammen. Traurig, freudig. Heute, morgen. Schwer, leicht. Ich durchlief alle Varianten. Alle. Oder hätte ich doch lieber gar keine durchdenken sollen, also nichts tun?

Ich spürte, dass ich mich für eine endlose Zeit weder nach unten, noch nach oben bewegt hatte. Hatte ich mich etwa für die Starre entschieden? Das war doch eher Feiglings Revier gewesen. Obgleich gerade ihre Feigheit, nicht alleine zurückgelassen zu werden, sie in Bewegung zwang.

„Feigling, wie geht es dir bloß, ich hoffe so sehr,

dass es dir auch ohne mich gut geht.", hoffte ich versonnen. Entscheidung.

Unentschlossenheit führt also zu Stillstand. Ich entschied, lange genug alles herumgewälzt zu haben. Ich wollte, dass es weiter nach oben ging, oder wie es der Wisser bezeichnete, dass ich levitierte. Ich wollte von ganzem Kern, wollte, wollte, wollte.

Es passierte nichts. Rein gar nichts. Gut, der Wille allein reicht offensichtlich nicht, na toll! Eine ganze Ewigkeit habe ich mich sortiert, all die vielen Informationen abgespeichert und mich letztlich mit meinem kompletten Sein für die Levitation entschieden!

Und was ist jetzt? Nichts! Ich fluchte vor mich hin. Ich erinnerte mich an die einstige Freude, die mich so flugs emporstiegen ließ. Doch es fiel mir wahrlich schwer, mein Gefühl dieser Heiterkeit zu überlassen. Mit zu viel Enttäuschung kämpften sich meine Elektronen um die Kerne. Meine Protonen nannten sich schon Wut und Traurigkeit. Fast erreichte mich das Gefühl, eher nach unten als nach oben zu driften, ich trat auf der Stelle.

18
Arthur schifft ein

Mit weit mehr als tausend Leuten stand er im Empfangsgebäude zum Einschiffen auf den dicken Kreuzfahrtriesen. Einmal hatte er bereits eine Rundreise auf einem viel kleineren Kreuzfahrtschiff unternommen.

War das damals eigentlich mit Clara, oder Vanessa? Egal. Schon damals war für ihn unbegreiflich, dass eine doch relativ teure Reise auf einem Luxusdampfer so proletarisch begann. Ein einziges Bierzelt-Gedränge, bis man endlich an Bord war. Das Gepäck hatte er mit seiner Kabinennummer versehen abgeben müssen wie alle anderen, es wurde gesondert auf das Schiff gebracht.

Nur eine um sich schlagende Frau hatte er aus der Ferne gesehen, die sich wohl vehement weigerte, ihren Koffer aus den Händen zu geben. Die Kommentare der anderen Gäste darüber drangen bis zu ihm durch, Idiotin, Psychopatin, Hexe.

Es war brütend heiß, es war eng, und es dauerte ewig. Ein Gepäckstück zwischen den schwitzenden Leibern zu haben, wäre rettend. Diese Frau war eine Weise! Arthur bereute, die spontane Idee umgesetzt zu haben. Doch er hatte heute Mittag bereits alles bezahlt, sonst wäre er sofort abgehauen. Eine Zumutung! Gut, dass nur noch die teure Variante frei gewesen war, oberstes Deck mit eigenem Balkon. Hier standen die wenigsten an. Die Einlässe waren nach Decks sortiert, und je tiefer die Zahl des Decks, desto höher die Anzahl der Leute und desto dümmer die Sprüche.

Er kam im Gedränge an so einige gut gebaute Brüste heran. Doch hatte er eine Schönheit auf Tuchfühlung, stand ihm gleichzeitig ein körperbehaarter Glatzkopf auf dem Fuß. Weiter hinten begann eine kleine Rangelei. Langsam erwuchs sie zur Keilerei. Als sie sich in seine Richtung ausbreitete, machte er sich grob nach vorne Platz, sollten sie ihn doch Asozialen nennen. Sie taten es, garniert mit vielen vulgären Flüchen. Es war ihm egal. Auch wenn ihn die eine oder andere Zuckerpuppe später als diesen wiedererkennen würde, und ihm damit jeder Flirt versagt wäre, war er froh, aus diesem Gedränge rauszukommen – war das nicht ohnehin sein Vorhaben, Pause machen?

Eine halbe Stunde später war sein Ärger verflogen, feinste Schiffseinrichtungen strahlten ihn in poliertem Messing entgegen, modernes Design wohin das Auge reichte. Ja, hier konnte man ein paar Tage aushalten. Er atmete auf. Allein unter vielen.

29
Feigling wird vom Baum gerissen

Draußen fegten die Herbststürme durch die Plantagen, doch sie saß geschmeidig wie in einer Hollywoodschaukel in ihrem Feigenkern. Feigling liebte ihr neues Zuhause. Dass ich nicht da war, stimmte sie ab und an nachdenklich. Ich könnte vielleicht ohne sie glücklich sein, war nach wie vor ihr einziges Problem.

Nun, es war sicher die Farbe des Feigenkerns, sagte sie sich, und nicht die Eifersucht, die ihr einen Gelbstich verlieh. Und auch das Sauersein war ein ganz typisches Charakteristika einer noch nicht ausgereiften Feigenfrucht.

„Feigling, zuckersüße Feigling, nun ist es soweit, schau` dich um, wir sind prall, wir sind fertig, wir sind reif, fast schon überreif.“, schwelgte in gemütlich tiefer

Stimme ihr alter Mitbewohner.

Oh, doch schon reif. Es blieb keine Zeit zum Läutern, eine gewaltige Windböe riss plötzlich die dicke, schwere Frucht vom Baum.

„Das ist keine Schaukel mehr, das ist Sturmflut gegen die Hafenmauer“, schrie Feigling panisch.

„Ruhig, meine kleine Freundin“, brummte der Alte vertraulich.

„Bleib einfach nah bei mir, dann wird dir nichts passieren. Konzentriere dich auf unseren Feigenkern. Wir sind das Konzentrat.“

„Das gerade durch die Lüfte katapultiert wird und gleich wie eine Bombe irgendwo einschlägt. Es fällt mir schwer, dabei..“

Ihr Fall war schwer. Sie donnerten ungebremst auf die Erde, die Schale riss augenblicklich auf, die Feige war entzwei, ihr Kern schlug ins Erdreich ein. Feigling umgab Schwärze.

Benommen nahm sie das Prasseln von Regentropfen war, die wie eine Horde einfallender Touristenneuankömmlinge aus ihren Bussen polterten. Langsam nahm sie ihre Protonen vom Alten, die sich krampfhaft um die seinen gewickelt hatten.

„Das war ein gewaltiger Flug!“, hauchte sie schwindelnd.

„Ja, in der Tat, das war es. Und das ist das Beste, was uns passieren konnte.“

Der Alte grinste breit.

30
Ich vertraue einem Clown

Ich befand, dass meine Stelle nun wirklich ausgetreten war. Woran haperte es denn noch?! Warum geht es nicht längst weiter bergauf?

Ich habe eindeutig die Information erhalten, dass es nach unten und oben gehen kann, ja, und auch die der Unbeweglichkeit. Bin angereichert vom Wissen der Gesteine, die ihre Jahrmillionen alte Reinheit, ihre Gelassenheit und Souveränität an uns abstrahlten. Habe sortiert, dass Wertung nur ein menschlicher Zug ist, denn uns regiert – jedenfalls derzeit – die Polarität. Und da ich gerade von Feigling getrennt bin, zieht es mich wieder zu ihr hin, zur alten Verbundenheit. Der einzige Weg dorthin führt durch das kleine Loch im Berg weit über mir. Ich habe mich entschieden, dass ich dort hinauf will.

Was fehlt denn jetzt noch?

Ein leise näselndes Stimmchen drang von oben verschwommen an meine Kerne:

„Wenn du nicht mehr weiter weißt, sammle Informationen."

Ich war außer mir, meine Elektronen überschlugen sich. Mit allem hatte ich gerechnet, befand ich mich doch an einem heiligen Ort, nur nicht mit solch einer prallgefüllten und dann auch noch wichtig dahin gesäuselten Ironie. Waren die H_2Os über mir schon dem Sarkasmus verfallen? Nun, dies könnte ich ihnen nicht einmal übel nehmen.

Auf's Äußerste gereizt brüllte ich zurück.

„Hab` ich, stell` dir das mal vor, du du, du Clown!" Ich vibrierte, allerdings auch vor Neugierde.

Der näselnde Clown antwortete trocken.

„Wenn Informationen nichts mehr bringen, leg` dich schlafen."

Meine Elektronen spuckten Blitze. Das war die Höhe! Meine Zermürbtheit über meine starre Position wurde hier grotesk durch den Schlamm gezogen, ohne Mitgefühl, ohne Schamgefühl wurde hier auf mir herumgetrampelt. Wahrscheinlich grölten die dort oben auf meine Kosten die Wände wackelig. Lernt man da oben das Beleidigen? Da oben?

Ich stockte. Irgendetwas passte hier nicht. Ich wischte mir den Schaum vom Proton und sammelte meine Elektronen wieder ein. Da oben. Die Stimme kam von oben. Also H_2Os, die schon weiter levitiert waren als ich, das heißt sie waren auch leichter als ich, aha, es fiel ihnen also leichter, sich über mich lustig zu machen – nein, Träumling, mahnte ich mich selber. Wer sich über jemanden lustig macht, böswillig, der macht dies nur, um seinen eigenen schweren Kern kurzfristig zu erleichtern.

Die da oben müssen aber anders gestrickt sein. Dies ist ein heiliger Ort, ein heilender Ort. Je weiter oben, desto gesünder. Mein Frust hat das Stimmchen verzerrt, seine Botschaft durch den Frustfilter gesiebt. Ich glaube, was mir der Wisser erzählte und was von da oben kommt, dem sollte ich wohl auch vertrauen.

Vertrauen!

Mich durchzuckten meine Elektronen wie Speere.

„Natürlich, das ist es, Vertrauen! Das hat mir gefehlt, habe ja ständig nur sortiert, gegrübelt, gespeichert, philosophiert.“ Ich musste lächeln, in mich hinein, und nach oben.

„Danke, du Clown.“

Im Vertrauen, dass irgendwo da draußen eine Sternendecke auf mich wartete, legte ich mich schlafen und merkte gar nicht, wie ich umgehend aufwärts driftete.

19
Annabell auf hohem Schiff

Der Schiffssteward machte auf dem Absatz kehrt, als er die krumme Frau in Gummistiefeln sah. So hatte ihn noch niemand auf keiner Tour genervt. Ganze fünfmal ist sie ihm mit diesem vorsintflutlichen Koffer begegnet und hat nach ihrer Kabine gefragt. Fünfmal hat er ihr erklärt, einen Stock tiefer, rechts herum aus dem Fahrstuhl und dann ganz nach hinten durch, letzte Kabine vor Schluss. Fünfmal ist sie immer wieder aufgetaucht und hat die gleiche Frage gestellt, jedes Mal einen Tick bösartiger und verschwitzter. Er war weder dafür da, die Koffer zu tragen, noch sie zu begleiten, er sollte hier die Stellung halten. Normalerweise wurden die Koffer von den Philippinos vor die Kabinen gestellt, und manche Stewardessen brachten Behinderte in ihre Kabinen. Und die da, nein, die konnte er gar nicht einordnen.

Jetzt, gute drei Stunden später keuchte sie schon wieder um die Ecke. Allerdings ohne Koffer, aber immer noch in Gummistiefeln.

Er wartete diesmal nicht auf ihre Frage nach der Kabine. Er rannte einfach weg.

Annabell war k.o. Sie schlich förmlich den nicht enden wollenden Gang entlang. Sie wollte auf`s Oberdeck. Sie hatte geschwitzt, zu wenig Sachen mit, und somit beschlossen, diese hier im Freien durchlüften zu lassen. Aber wo war im Freien? Gerade war doch noch so ein Steward dort vorne zu sehen, den könnte man nach dem Weg fragen. Wo war er hin?

Ihr Stolz, letztlich wirklich auf dem Schiff zu sein, ohne sich ständig übergeben zu müssen, oder unter einer Sauerstoffmaske beim Schiffsarzt zu liegen - die hatten doch hoffentlich sowas -, verlieh ihr die Kraft, nochmal loszugehen.

Einmal musste sie schon, doch da hatten sie sie gezwungen, an der Rettungsübung teilzunehmen. Plötzlich hatte ein Steward ihre Kabinentüre aufgerissen, ihr eine Schwimmweste übergestülpt und sie in die Nähe eines Rettungsbootes gezerrt – hätte sie nicht augenblicklich unter Schock gestanden, hätte sie ihm das Trommelfell zerschrieen. Sie wusste nicht, wie ihr geschah, ließ alles über sich ergehen und hörte nur gedämpften Applaus von Mitreisenden, als sie vom Steward in deren Menge geschubst wurde, und er den letzten Haken auf seiner Liste machte. Immer noch unter Schock hatte man sie zurück in ihre Kabine verfrachtet und sie dort mit der Weste auf`s Bett gesetzt.

Langsam war sie wieder zu sich gekommen und hatte sich aus diesem Schrillen Gelb gewühlt.

Den Weg nach draußen würde sie ohnehin nicht wiederfinden. Aber eine ganze Woche in der Kabine war selbst für sie nicht auszudenken, zumal sie den Weg ins Freie für ihr Aschevorhaben ausfindig machen musste. Warum also nicht gleich inspizieren.

Nachdem sie einen dritten Steward fast in den Wahnsinn getrieben hatte, stand sie im Wind. Sie orientierte sich an den Lichtern, die sie auf einer Seite des Schiffes sah. Das musste Barcelona sein. Sie ging zur Reling.

31
Auch Feigling muss sich entscheiden

Feigling saß neben dem Alten in einem einzigen Feigenmus. Der Sturm heulte über sie hinweg. Die schwarzen Wolken erstickten jeden Hoffnungsschimmer in ihr, jemals wieder Licht zu erblicken.

„Wie meinst du das, Alter, das Beste, was uns passieren konnte? Unsere monatelang gereifte Frucht ist zerschellt, wir sitzen im Dunkeln, es ist kalt und der Winter rollt gnadenlos heran!“, schluchzte Feigling leicht lädiert.

„Der weite Flug hat uns auf ein Stück Erde gesetzt, das noch frei ist, das heißt, dass wir es jetzt besetzen, welch ein Fest!“

Der Alte strahlte mit jedem Elektron.

„Darf ich dich erinnern, du bist ein Bestandteil ei-

nes Feigenkerns..“,

fuhr er fort und Feigling ihm ins Wort:

„Ist ja `ne Wucht! Mir doch egal! Ich war als Feigling in einer Feige. Ja, das war wirklich riesig. Ehrlich, das weiß ich zu schätzen, so glücklich wie in den letzten Monaten war ich im Leben nicht. Meine Erfüllung eben. Ein Traum. Und der ist jetzt vorbei, geplatzt! Und oben drauf gibt`s noch eine Platzregenorgie. Wenn ich doch nur heulen könnte!“

Feigling fühlte sich am Boden zerschmettert, sie resümierte gequält: die bekannte Dunkelheit, Regenwasser, das nach ihr greift, und schließlich war es bergab gegangen. Da konnte das Aus nicht mehr fern sein.

Der Alte sah sie entgeistert an.

„Feigling, was ist los mit dir? Hast du dir einen Kern gestoßen, dass du so verwirrt bist?“

Er inspizierte ihre Protonen, Kerne und Elektronen und befand, dass alles am richtigen Ort sause.

„Alter, mach` dir doch nichts vor. Hier wird uns gleich das Aus ereilen. Es ist vorbei. Schluss. War nett mit dir, wirklich. Lass uns die Protonen reichen und in Würde das Aus empfangen.“

Ihre Elektronen verlangsamten, sie verharrte in allen Bewegungen und harrte des Aus.

Der Alte starrte sie an und versuchte einen zweiten Anlauf.

„Feigling, nochmal, erinnere dich, schau in dein Innerstes. Sieh` in deinen inneren Kern hinein. Man nennt dich Feigling, das ist kein Zufall. Ebenso magnetisch, oder nenn` es meinetwegen magisch, hast du dich vom Feigenkern anziehen lassen. Da gehörst du nämlich hin. Und da hast du die Information aufgesogen, die einem Feigenbaum inne ist."

„Du meinst also, aus der Feigenbaumnummer komme ich gar nicht mehr raus?", fragte Feigling verunsichert.

„Doch doch", sagte der Alte und wollte sie damit beruhigen, was ihm allerdings gehörig misslang. Denn Feiglings vorsichtig aufkeimende Vorstellung, sich weiterhin zwischen ihren gelben Möbeln umzutreiben, kippte ins Aus. Doch der Alte war erfahren mit den jungen Hüpfern und las ihre Ängste von ihren Protonen ab.

„Deine Verzweiflung resultiert nur aus deinem Zweifel. Zweifel bedeutet zwei Fälle. In dem einen Fall löst sich unsere Behausung ziemlich schnell auf, denn unser Feigenkern trifft auf keinen Nährboden oder wird schnellstens von ihm entfernt. Dann würden sich unsere Wege trennen..".

Feigling jaulte gepeinigt auf. Der Alte ließ sich nicht beirren und sprach ruhig weiter.

„Ich würde dann vielleicht von einer Eidechse aufgenommen werden, was mich sehr entzücken würde, denn Reptilien passen zu meinem Alter. Du würdest vielleicht tief ins Erdreich vorstoßen..".

Aus Feigling stieß ein kernerschütternder Seufzer.

„Gut, gut", setzte der Alte beflissen nach.

„Das ist ja nur der eine Fall. Der andere Fall bezaubert durch ein Keimen unseres Feigenkerns, wir nehmen Anteil am Wachsen unseres Baumes und Gedei-

hen unserer unzähligen Früchte. Ist das nicht wundervoll? Eine unabsehbar lange Zeit werden wir hier residieren.“

Der Alte schwelgte in seiner eigenen Vorstellung.

„Diese zwei Fälle gibt es. Wir haben den zweiten Fall mit Wucht getroffen und Punkt.“, fügte er hinzu.

„Und wie sieht für uns das Ende des zweiten Falles aus?“, wollte Feigling wissen, denn die Neugierde übermannte zaghaft ihre beginnende Depression.

Der Alte holte bereitwillig aus.

„Nun, irgendwann werden sich auch dort unsere Wege trennen, vielleicht schon innerhalb des Baumes, vielleicht erst nach einem abermaligen heftigen Herbststurm, wer weiß.“

„So!“, keifte Feigling.

„Da haben wir`s! In beiden Fällen führt es letztlich zu nichts, am Ende steht immer das Aus!“

„Moment!“, schlug der Alte mit erhobenem Proton dazwischen.

„Moment! Du vergisst den Moment! Die zahllosen Momente, die du im Feigenbaum erlebst, Augenblick um Augenblick, jeder einzelne Moment ist um ein vielfaches erquickender als jene erfüllende, die du bereits in der Feigenfrucht zelebriert hast.

Es gibt tatsächlich die Möglichkeit, sein Glück fortzuführen, oder sogar noch zu steigern. Und wenn du über Jahrzehnte Moment um Moment in Vollkommenheit tanztest, wie, glaubst du, wie beseelt siehst du dann deinem Fortkommen entgegen?

Deine depressiven Informationen werden kein

leichtes Spiel haben, sich gegen das pure Glück zu behaupten. Zu viel reine Freude durchwirkt dich. Mit Gelassenheit und Zuversicht wirst du deinen neuen Weg antreten.“

Er machte eine künstlerische Pause, auch, um Feigling zu beobachten und zu spüren, ob sie für ein weiteres Plädoyer bereit war.

Nach zwei Vollmonden konnte er schließlich hinzusetzen:

„Entscheide dich für eine neue Erfahrung. Für den Moment der Glückseligkeit, der Vollkommenheit und seiner ungezählten Wiederholungen. Dass es nach Glück ein weiteres Glück gibt.“

Feiglings Schieflage richtete sich langsam auf, doch ihre Protonen blieben in der Hab-Acht-Stellung.

Der Alte gab ihr einen weiteren Vollmond Zeit, bis er sah, dass sie für seinen finalen Satz empfänglich war.

„Pack` dein Vertrauen aus!“

Feigling zögerte. Eine ganze Weile, einige Monate.

Dann packte sie aus, richtete sich ein, und ließ ihre Feigenbauminformationen wirken.

20
Arthur inspiziert seine Schiffslage

Als Arthur zu seiner Kabine kam, stand sein Koffer bereits vor der Tür. Er trat ein, durchschritt sein großes Zimmer und weihte seinen Balkon mit hoch gestreckten Armen ein, herrlich. Es mussten etwa 20 Meter bis zur Wasseroberfläche sein, ein erhöhendes Gefühl. Die Blickrichtung war auf offene See, die andere Seite hatte die Aussicht auf die Stadt, nun, man würde auch noch in anderen Häfen anlegen.

Zu seiner linken betrat eine junge Frau ihren Balkon, die langen Haare umspielten ein Feengesicht. Sie drehte sich zu ihrer Kabine um und warf einige Worte dort hinein, die auf laute Nächte schließen ließen. Arthurs Begeisterung war gedämpft.

Nun trudelten auch seine rechten Nachbarn ein, gleich zwei Miss Brasilien! Er arrangierte seinen Körper als Ausstellungsstück am Geländer und lauschte ihren Gesprächen. Bald hing er nur noch als Restposten an seiner Reling, da die zwei sich über einen Lackaffen echauffierten, der sich beim Einschiffen brutal nach vorne gedrängelt hatte. Ihre Schwanenhälse drehten sich einmal kurz zu ihm um, und das war`s dann. Nun, seine Spielwiese müsste er auf den anderen Decks finden, deren Bewohner ihn nicht wiedererkennen würden.

Er richtete sich in der Kabine ein, legte das Buch auf sein Kopfkissen und musste an Clara denken.

Die Rettungsübung fand ohne Schönheiten statt, und so beschloss er, statt Weiblichkeit vorerst das Schiff zu erkunden. Es war riesig, außen, wie innen. Viele Pärchen begegneten ihm, etwas zu viele für seinen Geschmack. War denn sonst niemand hier, allein? Er schlängelte sich durch mehrere Gänge und Paare, bis er an Oberdeck auf die Seite mit Blick zur Stadt gelang. Hier fand er zurück zu sich, ein überwältigendes Panorama auf den Füßen ausgefeiltester Technik eines Luxusdampfers. Herrlich.

32
Ich lasse alles laufen

Der Mond bewegt sich etwa vier Zentimeter pro Jahr vom Erdball weg. Woher wir Wassermoleküle das wissen? Hallo? Wer folgt denn dem Mond am konsequentesten!

Nun, während meines zeitlosen Schlafes hatte sich der Abstand um circa einen Meter vergrößert. Die Sonne hatte ihre Säbel unterdessen geschliffen und stach auf alles ein, was ihr geboten wurde, mal auf Bergmassive, mal auf Feigenbaumplantagen.

Am häufigsten jedoch in die offene See. Das Meer entließ mehr und mehr Wolken und meine Höhle bekam stetig Zuwachs. Dieser siedelte sich brav unten an und ich wurde umso schneller höher und höher gespült. Ich verschliefe noch meinen Aufstieg, nuschelten meine Nachbarn.

33
Die Zeit vergeht

Sonne`s scharfe Säbel ließen die Feigen nur so sprießen. Die anliegenden Olivenbäume schienen sich die Größe einer Feige für ihre Früchte zum Ziel zu machen. Wehe, wenn die Wolken über ihnen nicht Halt

machten.

Das Meer wog sich im Takt des Mondes und bekam immer mehr Schiffe zum Spielen, weniger Fische zum Verwöhnen. Die Schiffe transportierten alles, Tiere, Mineralien, Künstlerisches, Künstliches, Gifte, Pflanzen, Menschen. Für Tiere, Mineralien, Künstlerisches, Künstliches, Gifte und Pflanzen war dies kein Spaß. Doch für die meisten der Menschen.

Sie versammelten sich gerne auf einem Kreuzfahrtschiff. Sie liebten es, von links nach rechts und vice versa zu kreuzen, doch wenn das Meer sie von unten nach oben und vice versa stieß, bekreuzigten sich viele.

Wohl auch eine Eigenschaft der Polarität.

TEIL II

Das Treffen

21
Arthur und Annabells Begegnung

„Haben Sie schon mal die Polarrundreise mitgemacht?“, fragte ein in feinstem Stoff gekleideter junger Mann gutgelaunt seine ausdruckslos dreinblickende Relingnachbarin.

Sie standen auf Deck zehn und beobachteten das erste Ablegen ihres Kreuzfahrtschiffes.

„Nein!“, antwortete die dicklich untersetzte Nachbarin. Sie trat unbeholfen von einem Gummistiefel auf den anderen und kratzte sich verlegen das abstehende Ohr.

„Ist dies Ihre gänzlich erste Reise mit einem Schiff?“, fragte der junge Mann, hoch aufgeschossen wie er war, unwillkürlich von oben herab.

Das andere Ohr schien ebenfalls zu jucken.

„Ja!“, kam es knapp zurück.

Der junge Mann lies sich nicht von ihrer abweisenden Art beeindrucken. Hier war doch gar kein Platz für Griesgrämerei. Eine Woche Mittelmeer stand ihnen bevor, schönstes Wetter war angesagt, auch heute Abend schon leckte die Sonne über die Dächer von Barcelona. Das Wasser im Hafen war eindeutig flüssiges Gold. Die Koffer waren in komfortablen Kabinen ausgepackt, die Handtücher dufteten nach Alpenfrühling. Das erste Auslaufen aus dem Hafen versprach einen überwältigenden Blick auf die spanische Küste mit ihren tanzenden Lichtern. Sobald diese außer Sicht waren, galt es, sich an einem berauschenden Buffet zu laben. Was nur könnte einem hier ein Lächeln verbiegen?

Dass er, mit seinen fünfunddreißig Lenzen, mit jener, die sicherlich die Sechzig erreicht hatte, nicht plump anbandeln wollte, müsste doch offensichtlich sein. Er war doch nur auf einen netten Plausch aus. Sie schienen immerhin eines gemeinsam zu haben, nämlich eine gewisse Einsamkeit. Also, weiter:

„Aber auf einem Schiffchen im Allgemeinen waren Sie sicher schon einmal, oder?“

Sie schaute ihn unsicher von schräg unten an. Ihre Augen waren riesengroß, darin schwamm dunkelstes Blau, darum herum eher tiefgefurchtes Grau. Obgleich sie echte Ausdruckslosigkeit offenbarte, glitzerte eine kleine Portion Erstaunen durch dieses fast undurchdringliche Blau. Sie senkte den Kopf, sah auf ihre Gummistiefel. Er folgte ihrem Blick und musste grinsen, denn der Rest der Schiffsgäste hatte sich dem Klima angepasst und lief in Schlappen, Sandalen oder zehenfreien Hochhackern über die Decks.

Er blieb ehrlich neugierig.

“Möchten Sie nicht von Ihrer ersten Bootstour erzählen? Kommen Sie schon, geben Sie es zu, es war im Polarmeer, und seitdem haben Sie sich geschworen, nie wieder nasse Füße, oder?“ Er lachte sie aufmunternd an.

„Mir können Sie es doch erzählen! Hier sind weit über Tausend Leute an Bord, wir werden uns schon nicht wieder begegnen, sollte es so peinlich sein!“

„Eben, wozu also!“

Nun war er perplex. Er war es doch gewöhnt, bei Frauen aller Altersklassen gut, nein, sehr gut, anzukommen. Alle konnte er knacken, und dieses Exemplar hier würde seine ungebrochene Erfolgsreihe nicht erschüttern. Die Rote war längst verdrängt. Ein bisschen Smalltalk, ein nun wirklich unverfänglicher Plausch, das konnte sie ihm doch nicht abschlagen! Ihm, dem gut aussehenden, charmanten, Intellektuellen.

Er hatte sich auf dem Weg gen Oberdeck vorgenommen, sich in dieser Woche von den weiblichen Abenteuern so gut es eben ging fernzuhalten, um jeder Ablenkung aus dem Weg zu gehen, zu sich zu kommen, über sein Leben zu reflektieren, vom Schiff aus, sich aus einer anderen Perspektive zu betrachten. Da war jenes Blauauge perfekt, wenigstens nicht alleine Essen zu müssen, vielleicht sogar sie als Spiegel zu benutzen. Halt, er wollte aufhören, jemanden zu benutzen, also mit ihr auch mal über sich zu sprechen.

Das Schiffshorn riss ihn raus.

„Wissen Sie was, wir zwei Hübschen gehen heute gemeinsam an die Futtertheke, was halten Sie davon?“, fragte er so unbekümmert wie es ihm noch möglich war.

Sie zuckte mit den Schultern.

„Na, wenn das kein begeistertes Ja bedeutet, dann weiß ich bei Ihnen nicht weiter.“

Jetzt juckten beide Ohren, doch es entging ihm nicht, dass da ein Mundwinkel für einen Wimpernschlag nach oben huschte. Seine glorreiche Reihe konnte weitergehen.

Sie verließen gemeinsam die Reling wie das Schiff den Hafen.

„Ich heiße übrigens Arthur.“, stellte er sich vor und hielt seiner Pat und Patachon Begleitung die Tür auf, die ins Innere des Schiffes führte. Sie huschte flink hindurch, nuschelte dabei ebenso flugs „Annabell“ und blieb abrupt stehen, verwirrt von den vielen Treppen, Fahrstühlen, Gängen.

„Möchten Sie sich vor dem Essen noch etwas frisch machen, vielleicht das Schuhwerk wechseln oder sonst noch etwas aus der Kabine holen?“, fragte Arthur fröhlich.

Sie drehte sich zu ihm um, sattes Misstrauen sprang ihn an.

„Nein, gehen wir!“, kam der Befehl.

„Welches Restaurant schwebt Ihnen denn vor?“.

Arthur behielt unbeirrt seine gute Laune bei, hatte er doch das Knacken bereits gehört.

„Na das auf diesem Schiff natürlich!“

Sie wurde ungeduldig, zumal ihre suchenden Blicke auf all die Möglichkeiten an Gängen, Treppen et cetera ihre Orientierungslosigkeit unmissverständlich verraten hatten. Arthur blieb Gentleman, obgleich es ihm schwer fiel bei solch einer Ausgeburt an Weltfremdheit. Was die Treppen und Gänge nicht zu Ende brachten, gelang dem Buffet. Sie starrte und erstarrte. Das war zu viel, einfach zu viel.

„Wahlmöglichkeiten sind Ihnen nicht sehr vertraut, hab` ich Recht?“, zwinkerte Arthur ihr zu.

Stehenden Fußes machte sie kehrt und rannte raus. Er ließ sie rennen und widmete sich den zahllosen, kunstvoll arrangierten Auslagen von Köstlichkeiten.

Er hatte sich das dritte Mal schon Leckereien nachgeholt, als Annabell endlich ihre Kabine fand. Sie schmiss sich auf`s Bett und tränkte die Kissen mit Salzwasser aus ihrem tiefsten Blau. Nach einer halben Stunde hatte sich das Salz auf ihren Wangen kristallisiert. Ihr Magen fing lautstark an, mit ihrem Hunger zu debattieren. Doch sie fragte sich, wonach sie eigentlich hungrig war. Sie starrte an die Decke, die Schiffsmotoren, welchen ihre Kabine von allen Mitreisenden am nächsten war, dröhnten in ihren Ohren. Die Vibration des Bettes erinnerte sie daran, wie es sich ihr Mann selbst gemacht hatte, während sie neben ihm lag. Seltsam, woran man sich so erinnert, Jahrzehnte her.

Das erste Mal seit damals als Kind erlaubte sie sich den Gedanken, sich Trost zu wünschen. Sie griff nach dem abgegriffenen Buch. Es sollte ihr jetzt Trost spenden, sie schlug es beim Lesezeichen, ihrem Boarding-Pass, auf und nahm sich den nächsten Happen vor.

34
Von wegen sprudelnde Quelle

Ich hatte meinen Aufstieg tatsächlich verschlafen.

Lärm rüttelte mich wach.

Ich erwartete einen sonnigen, ja glänzenden Auftritt aus der Höhle heraus in die immergrünen Weiden von Mutter Erde`s Schoß. Meine Vorstellung war, dass wir über einen Regenbogen tanzend in quirlende Bäche eintauchten und uns auf die abenteuerliche Reise gen Meer machten.

Falsch!

Ich befand mich in einem einzigen Gedränge von panisch bis frustriert dreinschauenden H_2O-Mitstrei-

tern und wurde wie sie durch eine Enge gepresst. Ich hatte mir vor Jahrzehnten schon einmal von solch einem Teufelswerk berichten lassen, einer lärmenden, sterilen, also menschlichen Abfüllanlage. Nun war ich mitten drin, in ein Netzwerk von Rohren gesperrt. So hatte sich keiner von uns das Emporsprudeln aus unserer Höhle ausgemalt.

Vollgesogen mit reiner Lebensenergie, für alle Späße bereit, trieben wir nun durch kaltes, stählernes Dunkel. Nur unsere gereifte Souveränität hinderte uns daran, kollektiven Selbstmord zu begehen. Obgleich wir uns zumindest tot stellten, sprachen die Menschen von sehr lebendigem Wasser, was sie da eingefangen hatten.

Aus Rohren wurden Kanister. Diese wurden über Wochen geschaukelt, mal mehr, mal weniger. Wohin auch immer, auch das war eine Reise.

Momentan stand alles ruhig, außer einem kontinuierlichen minimalen Vibrieren. Umso mehr drang menschlicher Lärm in die Kanister, es wurde geschrien, geflucht, befohlen. Doch als ein mit Weisheit und Heilung aufgetanktes H_2O ergab man sich dem jetzigen Schicksal, wohlwissend, dass die Lage sich bald ändern würde.

Und da war es, Licht!

Der Deckel vom Kanister wurde brutal abgerissen. Eine Kelle durchschnitt unsere Einigkeit mit all den anderen, harrenden H_2Os. Ich entkam nur knapp diesem kalten Metallstück, doch eine ganze Handvoll, das heißt viele Trilliarden von uns wurden entführt. Meine

Protonen bewegten sich wie in Zeitlupe. Ich war so voll von Wissen und fühlte mich doch so naiv: wo war ich hier?

Alles drang ungehemmt auf mich ein. Die vielen Geräusche, Tellerklappern, Brutzelndes, hektische, menschliche Stimmen, und da war noch etwas, etwas Undefinierbares, nein, es war etwas bekanntes, nur allzu bekanntes.

35
Feigling ist abgeerntet

Feigling hatte sich nach Jahrzehnten Seite an Seite mit dem Alten mutig aufgemacht, sich ohne ihn von ihrem einstigen keimenden Kern gen Frucht vorzuwagen. Irgendwie liebte sie diese Schaukel da oben, wenn der Wind die Äste streichelte. Sie hatte eine durch und durch reife Leistung hingelegt, befand sie. Nach leichten Anfangsschwierigkeiten, sich an ein Leben außerhalb des Meeres zu gewöhnen, hatte sie ihr Ziel, ihre Erfüllung in einer Feige zu sitzen mit jedem Neutron genossen.

Nach vielen Jahrzehnten dieses wundervollen Daseins erinnerte sie sich langsam aber stetig an ihr ureigenes Potenzial: die Neugierde.

Wie wäre es, jemand völlig anderes zu sein, etwas vollkommen Fremdes zu machen? Ja, sie fühlte sich reif für Veränderung. Sie schielte zu den Olivenbäumen hinüber und bekam Lust auf Tapetenwechsel, vom Gelb-Lila zum Grün-Lila, warum eigentlich nicht!

Hatte der Alte nicht gesagt, nach Glück kommt wieder Glück? Sie erkannte sich selbst nicht wieder, als sie sich gelassen vom Baum pflücken ließ.

Sogar die dunkle Zeit dichtgedrängt in rumpelnden harten Kisten überstand sie stoisch.

Nun lag ihre Feige obenauf in der Kiste. Es war hell, allerdings sehr laut, Geklirre, Geschrei, Gefluche, Befehlstöne umgaben sie. Und noch etwas. Ein heimisches Gefühl. Sie konnte es nicht einordnen, doch die Empfindung war so intensiv, dass ihre Protonen jaulten.

Sie nahm mich wahr. Sie sah mich nicht, weder hörte noch roch sie mich, doch sie spürte mich. So deutlich!

22
Arthur bucht Sardinien

Er hatte sie seit gestern Abend nicht mehr gesehen, und lehnte nun an dem Stand, der mit seinen Plakaten für Landausflüge warb. Arthur las die Angebote halb gelangweilt, halb interessiert. Gelangweilt, was die Ausflugsziele anbetraf, interessiert bezüglich der Ausflugsgäste.

Seine Augen flitzen durch die Anmeldereihen. Er wunderte sich über sich selbst, als er feststellte, dass er lediglich nach Gummistiefeln Ausschau hielt. Er musste ernsthaft krank sein!

Der Arzt hatte schon Recht, er musste tatsächlich mal zu sich kommen, ausspannen, sich sortieren. Freude sollte er suchen.

Er würde so einen Ausflug schon gerne unternehmen, aber allein?

Sardinien, das war der billigste. Denn wozu Geld ausgeben, wenn es ihm eigentlich egal war. Aber mit dieser personifizierten Weltfremdheit, wie hieß sie noch gleich, Agathe, oder, egal, wäre es mal was anderes. Doch die Chance, sie hier anzutreffen, ist wohl eher gering, hier würde sie nie hin finden, falls sie überhaupt schon ihre Kabine entdeckt hatte!

Er buchte Sardinien, weil es ein Schnapper war, weil es schon heute war und weil er mit sich nichts besseres anzufangen wusste.

23
Annabell hatte Sardinien gebucht

Sie buchte Sardinen, weil dies der einzige Ausflug ohne Beiboot-Übersetzung war, es Land unter den Füßen bedeutete und sie dort sich am besten vom ersten Schiffskontakt erholen konnte, bevor sie ihre Aufgabe vollbrachte.

Sie hatte sich dafür bereits von zu Hause aus eingeschrieben. Und dort auf Sardinien würde sie sich etwas zu Essen kaufen.

Jetzt galt es, den Schiffs-Lageplan auswendig zu lernen, damit sie den Ausgang fand und später zurück in ihre Kabine. Vielleicht doch lieber sein lassen? Nein, das Geld hatten sie ihr schon abgebucht! Sie verstaute das Gurkenglas in vier Tüten gepackt tief unten in ihrem, eigentlich seinem, Koffer, damit die Putzkolonne nicht dazwischenfunken konnte.

Sie musste grinsen, innerlich, als sie an das mitleidige Gesicht der Zollbeamtin dachte, als diese das Etikett auf dem Gurkenglas las „getrocknete Schlammpackung gegen Gelenkrheumatismus, mit 200ml Wasser anrühren“, sie haben es ihr tatsächlich abgekauft!

Die innere Freude über diesen gelungenen Feldzug lies die Tatsache, dass sie ihre Bluse binnen Sekunden durch geschwitzt hatte, als man verlangte, den Koffer zu öffnen, langsam verblassen. Der sie umgebende würzige Geruch, und ihre Gesichtszüge, die wegen Untrainiertheit gar nicht erst nervös zucken konnten, überzeugte die Zollbeamten, sie schnell durchzuwinken.

So, was zog man denn nun auf einem Landgang an, ihre einzige gute Hose hatte Salzränder am Hosenbund, ihr ausgebeulter Hausanzug warf kein Ausgehbild ab. Es blieb ein bunter Blumenrock. Ihr einziger Rock, für den Fall, es würde warm werden. Es war warm.

Sie hatte ihn sich zur Abiturfeier ihres Sohnes gekauft, allerdings war er in der Länge nach dem Waschen eingelaufen, so dass sie ihn nie wieder anzog, das halbe Knie war zu sehen!

Aber hier kannte sie ja niemand! Bis auf diesen jungen Schnösel, ach, was heißt denn kennen, der konnte ihr mal den Buckel runterrutschen, dieser möchte gern Charmeur. Wäre sie nochmal jung, wäre er schon ihr Typ, und sie würde wahrscheinlich auf ihn reinfallen, weil sie schließlich blutjung wäre. Heute war das etwas anderes.

Umso mehr konnte sie nicht einordnen, warum er überhaupt bemüht war, sich mit ihr zu unterhalten, reich sah sie ja auch nicht aus. Sie schüttelte ihre Schuppen wie die Gedanken an den jungen Herren ab und studierte den Plan zum Ausgang.

Als sie gerade ihre Kabine verließ, ging ein junges Pärchen ein paar Kabinen weiter vorne mit festen Schuhen und Rucksack bestückt den Gang entlang.

Annabell witterte ihre Chance und hing sich mit einem dezenten Meter Abstand hinten dran.

Nach keinen fünf Minuten stand sie an Land.

Die Gruppe für den gebuchten Ausflug fand sie nicht, doch das Wichtigste war erreicht, was interessierten sie auch Tausend Jahre alte Gemäuer.

Sie stampfte ein paar Mal auf, um den sicheren Boden

angemessen zu feiern.

Es ging so einfach, es tat so gut, es freute sie.

Das erste Mal seit Monaten kroch ihr dieses Gefühl wieder durch die Glieder.

Und Hunger.

Sie schaute sich um und entdeckte eine kleine Bude, die jede leichte Brise mit dem Geruch von altem Frittierfett infizierte. Da sie sich so wenig wie möglich vom Schiff entfernen wollte, schlurfte sie widerwillig zu dem Stand hinüber.

Es gab in Frittierfett getränkte Kloppse und Pommes Frittes, die ihr Pommes auf dem Weg zu Frittes eingebüßt hatten. Doch viele bunte Flaschen lachten sie aus dem Regal hinter dem Verkäufer an. Sie bedeutete dem Mann, aus diesen ein dickes Gesöff zu brauen. Fruchtsäfte machten auch satt.

24
An der Bar mit Strohdach und Strohrum

Arthur hatte den Sardinienausflug noch schnell storniert, denn ihm fehlte der Glaube an Gummistiefel.

Dennoch stieg er vom Schiff, gelangweilt, da aber auch gar kein bezauberndes Wesen seinen Weg von der Kabine an Land gekreuzt hatte, mit dem er sich seinen Bummel hätte versüßen können.

Er schlenderte den Hafenkai entlang und überlegte, geradewegs umzukehren und es sich in seiner Kabine mit Clara, also Claras Buch, gemütlich zu machen.

Dann nahm er aus dem Augenwinkel wippendes Gummi wahr.

„Na sowas, Sie hier? Wie haben Sie das denn geschafft? Ich applaudiere auf's Heftigste!"

Und das tat er. Arthur freute sich mehr, als er sich selbst eingestand, als er Annabell unter dem Strohdach einer primitiven Bude entdeckte. Sie saß auf einem Barhocker, beide Knie nackt, zog lautstark an einem Strohalm die letzten Tropfen ihres Pina Coladas hoch und musste prompt husten, als sie ihn bemerkte, richtig gut gebaut der Knabe. Er könnte mein Sohn sein, nein, kann er nicht, der ist nicht so gut gebaut. Hat die breiten Hüften seines Vaters, und die Plattfüße, und..

„Sagen Sie, das freut mich aber, Sie hier zu treffen! Und zur Feier unseres Wiedersehens lade ich Sie ein, auf einen Sex On The Beach, wie ich höre, wird es Zeit für den nächsten Drink!"

Annabell schleuderten die Gedanken durch den Kopf, gut gebaut, Sohn, Sex on the beach, so viel Englisch verstand sie noch, gerade wollte sie zu einer empörten Bemerkung ausholen, da drang der bereits getrunkene dicke Fruchtsaft als auch der Hinweis auf einen neuen Drink in ihr Gehirn ein. Dass sich der von ihr vermutete dicke Fruchtsaft zu einem reinen Alkoholgesöff entpuppt hatte, war ihr bereits nach der Hälfte des Glases egal geworden.

„Wenn Sie meinen", presste sie, immer noch den Strohhalm zwischen den Zähnen, relativ gleichgültig hervor. Sie versuchte nicht einmal, ihren hochgerutschten Rock zu korrigieren, das war das Werk des Coladas, mittags um Zwölf, die Sonne brannte. Sie nahm dies wahr, doch freute sich über ihre neu entdeckte Keckheit, was wird mir erst dieser Sex im Sand bringen.

Er machte locker, und wie! Annabell war ja eine Quatschnudel ohne gleichen, vermerkte sich Arthur mit Wohlwollen. Auch wenn bei ihm der Alkohol längst nicht so schnell wirkte, genoss er diese Zwanglosigkeit in vollen Zügen.

Noch nie hatte er sich mit einer Frau so unkompliziert unterhalten. Mit seiner Mutter redete er nie, mit seinen Geliebten versuchte er das Reden abzukürzen auf dem Weg zum eigentlichen Höhepunkt. Und Kolleginnen ließ er links liegen, bevor da etwas zu dicht werden konnte.

Annabell kam gar nicht mehr aus dem Plaudern raus. Erzählte von ihren Kindern, was sie alles angestellt hatten, von ihrer eigenen Jugend, in der sie nie etwas angestellt hatte. Von ihren Lieblingsgummistiefeln, von zwei Urnen, einer teuren und einer umdeklarierten und ihrem Lieblingsarzt, der den Tod eines Mannes festgestellt und beurkundet hatte.

Sie bestellte einen weiteren sandigen Beischlaf, öffnete ihre Bluse um einen Knopf, welcher bis dato die Kehle etwas eingeengt hatte, schlug die Beine übereinander – gar nicht so ungelenk, wie Arthur sah – und schloss ihre Ausführungen mit:

„Und jetzt sind Sie dran!"

Warum eigentlich nicht, dachte Arthur, was kann er hier schon verlieren. Gegenseitige Achtung wurde hier nicht durch Verschwiegenheit begünstigt, sondern erwuchs gerade durch die hemmungslose Offenheit. Er hatte Lust darauf.

Er erzählte seinen Werdegang, sprach über seine Schwäche für schöne Frauen, gestand seine Bindungsangst, und wurde sehr melancholisch, als der fünfte Drink kam und er beim Thema Elternhaus war.

„Wissen Sie Annabell, ich glaube, ich bin ein solcher Idiot, weil ich von Idioten erzogen wurde, was soll man machen!“

„Irgendetwas anders.“, säuselte Annabell.

„Trinken wir auf den Idioten.“ Sie stieß mit ihrem Glas an seines, er blieb gebeugt und regungslos sitzen.

Sein Blick klebte am Tresen und mit belegter Stimme flüsterte er:

„Mein Bruder war schlau, der ist einfach abgehauen, hat ihnen einen Zettel da gelassen, da stand nur drauf 'Bin weg'. Und das war er. Es hat niemand nach ihm gesucht, können Sie mir das glauben? Unfassbar, oder?“

Er schnäuzte in die vom Drink feuchte Serviette.

„Ich habe ihn wirklich gemocht, nein, geliebt. Wir waren nur ein Jahr auseinander, spielten in der selben Mannschaft Fußball, waren echte Freunde, keinerlei Konkurrenz, Pech und Schwefel. Irgendwann haben wir uns dann in die gleiche Frau verliebt, Klassiker, nein, er hatte sich in sie verliebt, ich nicht, doch ich auch, ein bisschen. Ich wollte es nicht, ich wollte sie ihm gönnen. Doch diese Zicke, Madame Butterfly, von einer Blume zur anderen, hatte sich nun mal in mich verliebt und nicht in ihn. Was sollte ich machen? Das war der erste Bruch zwischen uns.

Und dann immer das Unterschwellige meiner Eltern: 'schau` Dir Deinen Bruder Arthur an, der bringt es zu was. Du bist eine Null, Erik, und du wirst es bleiben.'

Ich habe dazu nur geschwiegen, war zu feige, mich auf seine Seite zu schlagen.

Meine Eltern haben mir das Studium bezahlt, verstehen Sie? Sie haben mir verboten, nach ihm zu suchen.

War mir egal, tat es trotzdem, aber ich glaube, eben nicht akribisch genug. Dafür hasse ich mich selbst. Ich habe ihn seit über fünfzehn Jahren nicht mehr gesehen, und weiß nicht, ob er überhaupt noch lebt. Wissen Sie, was das für ein Gefühl ist?!"

Arthur weinte lautlos.

„Nein, weiß ich nicht, tut mir Leid."

Annabell sah ihn hilflos an und ebenso den Barmann. Der mixte den nächsten Drink.

„Meine Schwester, sie war um einiges jünger als wir, ist auch abgehauen, auf ihre Weise. Sie hat sich verdünnisiert. Und ich meine verdünnisiert! Sie ist dem Elend entgangen, dafür hat sie den Tod genommen.

Magersucht, schon mit vierzehn. Mit zwanzig war sie tot. Einfach tot, verstehen Sie? Sie war doch meine kleine Schwester, verdammt nochmal!

Meine Eltern haben nicht eine Träne vergossen, als wir sie beerdigten, natürlich war niemand geladen, nur wir drei und der Sarg. Am nächsten Tag ging alles seinen Gang, als hätte sie nie gelebt. Nun, das hat sie ja auch nicht. Ich pack` das nicht mehr!"

Er heulte. Er hatte noch nie geheult, und genauso viele Tränen brachen jetzt durch den Damm.

Annabell rutschte von ihrem Barhocker und nahm ihn in die Arme. Fest an ihre Brust gedrückt streichelte sie über seinen Kopf, hielt ihn, wiegte ihn, und lies heimlich auch ihren Tränen freien Lauf.

„Sie schaffen das...“, wiederholte sie leise und sanft wie ein Mantra unzählige Male. Sie wusste bald nicht mehr, ob sie die Worte an Arthur oder sich selbst richtete.

Der Barmann lächelte, gab ihnen die Rechnung und sagte, sie müssten zurück auf's Schiff, sonst fährt es ohne sie ab.

Sie gehorchten, dankbar für die Fürsorge und erleichtert, dass das Heulen jetzt ein Ende haben musste.

Arm in Arm stützten sie sich gegenseitig Richtung Schiffseingang. Jeder war dem anderen sehr nah durch die feuchten Augen, keiner war hier der Starke oder Schwache.

Arthur fragte nach ihrer Zimmernummer, die sie wie aus der Pistole geschossen vorflötete. Er brachte sie zu ihrer Kabine und versprach, sie zum Abendessen abzuholen. Er meinte es noch nie so ernst.

Sie war heil froh, in diesem betrunkenen Zustand nicht ihr Zimmer suchen zu müssen und freute sich wie ein kleines Kind auf das baldige Abendessen, in Begleitung!

Ja, sie hatte Hunger, auf gebratenen Fisch im Gemüsebeet mit Zitronenreis, auf ein riesiges Schokoladeneis und ein kleines bisschen auf das Leben.

Sie öffnete ihre Kabinentür, suchte erfolglos den Lichtschalter, und stieß sich das Knie am Bett. Der Schmerz ließ sie augenblicklich ernüchtern und sie erinnerte sich an diese moderne Eigentümlichkeit, erst die Chipkarte in den kleinen Wandapparat zu stecken, damit Strom floss.

Nein, das hier war nicht ihre Welt, und würde es niemals werden. Und dieser Jungspunt gehörte ebenso wenig dazu. Was hatte sie nur geritten, sich an diese Bar zu setzen, und dann auch noch dort sitzen zu bleiben.

Sie stieß sich abermals das Knie, genau an der gleichen Stelle, unbewusst und bewusst.

Arthur wankte zu seiner Kabine, duschte ausgiebig und ließ sich auf seinem Balkon trocken pusten. Er konnte die Bar am Kai erkennen, die tief stehende Sonne kitzelte am Strohdach. Die würde er so schnell nicht vergessen.

Hatte er seine Würde dort verloren? Nein, er hatte sie dort wiedergefunden. Er warf sich nackt auf's Bett, Hände im Nacken, Blick gen Decke, danke lieber Gott für diese Frau.

Er hatte Angst einzuschlafen und ohne Wecker, sein Arzt hatte ihm befohlen, so etwas tunlichst zu Hause zu lassen, könnte er eventuell die Verabredung mit Annabell verschlafen. Der Alkohol versperrte ihm die Idee, sein Handy dafür zu nutzen.

So kramte er dieses Buch hervor, die letzten Seiten hatte er im Flugzeug gelesen. Sein Boarding-Pass diente als Lesezeichen und er fuhr fort, wo er aufgehört hatte, fühlte es sich jetzt doch unvergleichlich anders an.

36
Wir spürten uns so deutlich, so nah!

Ich, Träumling, musste hier sein! Feigling glaubte ihren eigenen Kernen nicht, das war doch unmöglich! Und doch spürte sie diese Schwingung durch den

Raum fluten hindurch durch dieses Getöse, das von allen Seiten kam.

Wie nur sollte sie mir hier begegnen? Wo war ich genau? In einer anderen Feige? Bestandteil der Kiste? Tropfte ich aus dem Wasserhahn? Oder von der Stirn das angeblichen Chefkochs?

Sie wurde zunehmend nervöser, war sie doch seit einer ungeheuren Zeit von mir getrennt. Hatte ich eine neue Gespielin? Wie sah ich aus? Wie sah sie selbst aus? Vor langer Zeit sehnte sie sich danach, mir ihr neues Zuhause vorzustellen, ihre gelben Gardinen, lila Möbel, und plötzlich ist dies greifbar nahe? Kann das sein?

Ein Streit brach aus zwischen Chefkoch und Gehilfe, der darin endete, dass sie mit vielen anderen Feigen gewaschen und in mächtige Schüsseln geworfen wurden. Diese wurden hinausgetragen und einem dekadenten Buffet beigefügt.

Da saß sie nun, in ihrer prallen Feige und wartete darauf, dass meine Schwingung auch hierher kam. Nichts.

Ich selbst schwabbte noch im Kanister.

Doch sie musste da gewesen sein!

Alte Feigling!

Ich wusste nicht wie mir geschah, zu viel Ruhe, Nichtstun und Träumereien lagen hinter mir, als dass ich jetzt mit diesem Tempo mithalten konnte.

Das plötzliche Licht, die Entführung vieler Kameraden und dann doch tatsächlich Feigling irgendwo in

der Nähe. Und wieder auch nicht, ihre Schwingungen hatten sich schnellen Schrittes entfernt. War sie in einem Menschen? Etwa in diesem polternden Küchenmeister?

Mein Kanister wurde in eine Eismaschine entleert.

Es wurde stockdunkel und kalt, eiskalt.

25
Man redet – doch nicht

Arthur klopfte an ihre Türe.

Er war pünktlich, das gefiel ihr. Obgleich sie gar keinen genauen Zeitpunkt vereinbart hatten, und sie sich die erste Stunde zurück in ihrer Kabine das Knie reibend Möglichkeiten des Absagens überlegt hatte. In ihrem Papierkorb befanden sich mehrere Zettel, die sie außen an die Tür kleben wollte, 'Lassen Sie mich in Ruhe', 'Danke, nein', 'Gehen Sie einfach weg' und dergleichen. In der zweiten Stunde hatte sie sich geduscht, geföhnt, gekämmt, den Rock mit ihren drei weiteren Blusen ausprobiert, bis nach neunmaligem Wechsel die Wahl auf ein schlichtes weißes T-Shirt fiel. Sie fühlte sich fast jugendlich. Seit einer halben Stunde hatte sie vor dem Spiegel Lächeln geübt. Ohne Erfolg.

Sie blieb gelassen, der Alkohol war noch nicht aus dem Blut. Seit weiteren dreißig Minuten war sie ausgehbereit.

Er war also tatsächlich gekommen.

Sie zählte bis drei und öffnete.

„Schon da? Ich bin noch nicht fertig. Aber.., wenn ich ungeschminkt und in dieser einfachen Bekleidung nicht störe, bin ich dabei.“, sprach`s und schloss die Tür hinter sich. Sie vermied es absichtlich, weder ein Du noch ein Sie zu gebrauchen, war sie sich doch unsicher, was nach diesem Nachmittag an der Bar angemessen wäre, oder - ehrlicher zu sich selbst: was ihr lieber wäre.

„Annabell, heute machen wir uns satt und morgen machen wir Dich schön.“, antwortete Arthur in seiner alten guten Laune.

Diese Worte taten weh – vor dreißig Jahren. Mittlerweile jedoch war sie diesbezüglich abgestumpft. Vielmehr war sie irgendwie froh, dass er die Entscheidung zum Du vollzogen hatte. An der ersten Gangabzweigung hakte er sich unter ihren Arm und zog sie in Richtung der Restaurants. Sie war dankbar für diesen Körperkontakt und zuckte doch zusammen. Arthur registrierte dies nur als ein weiteres Knacken.

Sie kamen an Boutiquen und einem Friseursalon vorbei. Er zeigte in den Salon, aus dem eine abgekämpfte Angestellte, auf einem Tisch Schalen mit Tinkturen ordnend, müde heraus schaute.

Arthur grinste Annabell aufmunternd an.

„Hier werden sie Dir Farbe und Form geben.“

Annabells Antwort war ein abgewetztes:

„Wozu.“

Als er sie zum Stehen bleiben zwang und neugierig den Kopf in die offene Tür steckte, drang umgehend ein pfeifender Zischlaut an ihre Ohren.

„Das geht jetzt nicht mehr, wir schließen in einer Stunde, und mit diesem Projekt da werden wir dann nie fertig!“

Arthur schenkte der Quelle dieses Zischens keinerlei Aufmerksamkeit. Er riss Annabell zu sich herum und schaute ihr einfach nur in die Augen, in ihr dunkles Blau. Er sah sie lange so an. Sie wusste wieder nicht, wozu, blieb dennoch gehorsam stehen, noch verlangsamt durch den Restalkohol.

Arthur stand ihr gegenüber und nahm ihre beiden Hände in die seinen. Seiner Schwester war er kein großer Bruder, er hatte nie eine Freundin beschützt. Jetzt war die Gelegenheit, sein anders Werden zu üben. Diese zwei riesengroßen dunkelblauen Ozeane. Atlantik und Pazifik.

Ganz zart hauchte er beiden einen Kuss auf.

Wozu, schlich es Annabell durch den Kopf. Langsam drehte sie sich zum Salon um, und mit einem winzigen Achselzucken garniert schmunzelte sie der ungläubig drein blickenden Avon-Maske entgegen und sagte:

„Wozu?“

Das Schiffshorn blies und sie schoben sich langsam an Sardiniens Küsten vorbei.

Das Buffet schaute sich Annabell gar nicht an, sie platzierte sich am erst besten Tisch mit Blick nach draußen, ihrer Innenkabine entkommend. Sie sagte Arthur, wonach ihr war, Fleisch, Fisch oder sonst was und ließ sich ihr Essen von ihm bringen – verrückt! Auch, weil er es tat.

„Danke,“, sagte sie kauend.

„Bitte.“

Arthur empfand es zu seiner eigenen Überraschung als

gar nicht so lästig, jemanden zu bedienen. Das Bild, das er von sich aufgebaut hatte, vornehmlich für die anderen, verlor dadurch zwar vollkommen seine Formen und Farben, doch in diesem Niemandsland hier auf Schiff war sein Ölbildnis Macho an Land nicht gefährdet.

„Was hat es denn mit diesen Urnen auf sich, die Du in der Strandbar erwähntest?“

Annabell verschluckte sich und Arthur assistierte ihr mit Schlägen auf den Rücken.

Sie räusperte sich.

„Was ist mit der Suche nach..“, sie konnte sich nicht zu einem Du durchringen, 'deinem Bruder' war unmöglich auszusprechen. Sie kramte in ihrem Gedächtnis und schloss mit:

„Erik?“

Arthur fiel die Kinnlade herunter. Diesen Namen hatte er seit Jahren nicht mehr gehört, und nun kam er aus dem Mund einer völlig Fremden. Seltsam, wie allein ein Name einen lahm stellen kann. Auch das war neu.

Die nächste Stunde schwiegen sie sich an.

Ihre leer gekratzten Dessertteller wurden abgeräumt. Sie standen gleichzeitig auf, Annabell stürzte ihr halbes Glas Wein im Stehen hinunter, verkommen durfte nichts, und beide waren froh, durch die Bewegung die Starre auflösen zu können.

Das war`s dann mit der Offenheit, ging es Arthur durch den Kopf. Ehrlichkeit war also weder bei den Schönen noch bei den Hässlichen angesagt.

Sie gingen steif Richtung Ausgang, Annabell griff sich im Vorbeigehen eine Feige und steckte sie in ihrer Angst, gesehen worden zu sein, in ihren BH.

Es sah nicht gut aus, gar nicht gut.

Feigling wurde mit ihrer Feige rhythmisch auf und ab geschüttelt, warm war es, eng war es, wie an Mutter`s Brust.

Und nun? War man zu schnell und zu betrunken an zu heikle Themen gestoßen? War`s das?

Arthur merkte, dass ein Auseinandergehen ihn unbefriedigt ließ. Er nahm sich ein Herz.

„Annabell, hör` zu. Wir gehen an die Bar und machen da weiter, wo wir auf Sardinen aufgehört haben, einverstanden?“

„Hier gibt es auch eine Bar?“

Annabell war ihm dankbar für die Eisbrecherroute.

Er strahlte sie an und schob sie in den Gang gen Bar. Manche Passagiere sahen dieses ungleiche Paar verdutzt an. Arthur war stolz auf sich, dass er tatsächlich in eine andere Welt vorgedrungen war, sein Arzt wäre begeistert. Keine hochhackige Blondine neben sich, die er zur Kabine abführte, wozu noch die Verzögerung durch einen Drink.

Nein, er war ein neuer Mensch. Interessiert an einem anderen Menschen, wenigstens ein bisschen. Ein fremdes Gefühl, aber kein schlechtes.

Sie kletterte auf den Barhocker und bestellte Wasser aus dem Wasserhahn.

„Und ein Bier für mich,“ setzte Arthur schnell nach, bevor der Barkeeper sie der Plätze verwiese.

„Gut, Du erzählst mir Deine Urnengeschichte und ich von meinem Bruder. Ist das fair?“

Annabell schwieg ein großes Glas Leitungswasser lang.

„Wenn..“,
sie suchte nach dem Passivwort, fand aber keines und sagte schlicht:

„..Du anfängst.“

Wie die Kinder, dachte sie bei sich, und schon waren ihre Gedanken bei den ihren.

Konnte sie ihnen das antun? Ja, warum denn nicht, sie sah sie allenfalls einmal im Jahr, und das sicher nur, weil sie meinten, es gehöre sich so.

Zu Anstand hatte sie sie erzogen. Und jetzt waren sie abgenabelt, lebten in ihren eigenen Familien und brauchten sie nicht mehr. Ganz im Gegenteil, sie wurde sicher langsam zur Belastung, wegen des Anstands.

Sie machte also nichts verkehrt, wenn sie ging. Ließ ihnen dadurch doch nur mehr Raum. Ihr Vorhaben war richtig.

Arthur holte tief Luft, bestellte ein weiteres Bier und blickte zu Boden als er fast unhörbar flüsterte:

„Es ist an ihm, mich aufzusuchen! Er ist gegangen, er hat mich im Stich gelassen, er hat sich nie gemeldet. Er will also definitiv keinen Kontakt zu mir. Er hat mich vergessen. Fertig. Ich muss das respektieren und ihn in Ruhe lassen.“

Annabell fuhr aus ihrem Tagtraum auf, was hatte er da gesagt? Sie hatte ihm gar nicht zugehört! Das gehört sich nicht!

„Entschuldigung..., Arthur.“, brummelte sie schuldbewusst.

„Genau, Du sagst es, er muss sich bei mir entschuldigen, so sieht das nämlich aus! Siehst Du, es tut gut mit jemandem wie Dir mal über diese Dinge zu sprechen. Du hast einen unverstellten Blick und schon weißt Du, was wirklich Sache ist, bravo!“

„Ich würde jetzt gerne in meine Kabine gehen. Danke für den Abend, auf Wiedersehen Arthur.“

Sie rutschte vom Barhocker und ging.

Er sah ihr verwirrt nach und nuschelte ein Tschüss.

37
Feigling sehnt sich nach mir

Sie konnte mich zwar immer noch spüren, doch ebenso, dass ich in unerreichbarer Weite war.

Träumling, bitte komm` wieder, sei nicht wieder eine Ewigkeit verschollen.

Feiglings Kerne brachen fast in zwei vor Schmerz, so nah und doch so fern. Sie besann sich des Alten. Er war in jeder Lage souverän, so vieles hatte sie von ihm gelernt. Beruhige dich erst einmal, wenn du nicht weiter weißt, dann lass ein Vakuum entstehen, denn dies wird sich von ganz alleine wieder füllen, denn die Natur lässt kein Vakuum zu.

Konzentriere dich auf das, was dir dein Inneres sagt.

Feigling überlegte: Panik? Soll ich Panik zulassen?

Auf dein Allerinnerstes, hörte sie den Alten quasi raunen.

Ich will zu Träumling, fertig!

38
Mir ist eiskalt – aber nicht um`s Herz!

Mir wurde es kalt um die Kerne, meine Elektronen wurden zur Verlangsamung gezwungen bis sie schließlich erstarrten.

Hilflosigkeit machte sich bei mir und meinen Begleitern breit, es fühlte sich an, wie gefesselt zu sein. Die Fessel nannte sich Kälte. Ausgerechnet jetzt, wo mir so warm um die Kerne war, durch und durch von Feiglings Schwingungen beseelt. Doch diese waren so schnell weniger geworden, ohne dass ich ihnen nachspüren konnte, wohin sie abglitten.

Wie sehr ich eine Verbindung mit ihr herbeisehnte. Auch wenn ich die Zeit ohne sie nicht als schmerzhaft in Erinnerung hatte, so fehlte sie mir doch ungeheuerlich, jetzt, wo ich ihre Fährte wieder aufgenommen hatte.

Alle gemeinsam bildeten wir mittlerweile einen riesigen Eisblock, vollkommen erstarrt, in einem Fluss gefangen, der Jahrhunderte brauchen würde, um sich vom Fleck zu bewegen.

Ich erinnerte mich meines in Tiefen geschöpftes Vertrauens und versuchte, dies auch meinen Mitstreitern zu signalisieren, um sie zu beruhigen, es ginge si-

cher schneller weiter, als es sich im Moment darstellte. Doch die Eiseskälte ließ selbst das geringste Neutron schwerfällig an seine Grenzen stoßen.

Plötzlich wurden wir von Stößen durchgerüttelt. Ein wild lärmendes Gehacke und Gemetzel prasselte auf uns ein. Unser riesiger Eisblock wurde zu kleinen Stücken gehackt. Ohnmacht überfiel uns erfrorene H_2Os.

Mein Nachbar lamentierte in Zeitlupe.

„Das ist ja nur mit Alkohol zu ertragen!“

Kurz darauf fanden wir zwei uns mit vielen weiteren Gesellen in einem Glas wieder, das sehr alkoholisch schwang und mit einem Minzeblatt garniert auf ein Holzbrett geknallt wurde.

Die Dunkelheit wurde von gedämpftem Oberlicht abgelöst.

26
Arthur trinkt

Arthur blieb an der Bar sitzen, sah nun schon das zweite Mal Annabell vor ihm flüchten.

„Auf die Frauen! Wir werden sie nie verstehen!“

Er prostete dem Barkeeper entgegen und erhob sein Mojito-Glas, rührte den Rum vom Boden auf, lauschte dem Geräusch von klirrendem Eis und goss sich das halbe Glas samt Eisstückchen in den Schlund.

Es wurde dunkel um mich, dafür aber endlich etwas wärmer, wunderbar.

Das Glas noch nicht wieder auf dem Tisch abgesetzt, orderte er einen weiteren beim Barmann. Der tat seinen Job und stellte ihm den zweiten neben den ersten.

„Na dann, mein Herr, süße Träume wünsche ich."

27
Annabell verirrt sich im Fitnessraum

Annabell war seit einer halben Stunde unterwegs, Ziel: ihre Kabine.

Sie kam am Fitnessraum vorbei und wunderte sich über all die merkwürdigen Gerätschaften. Nur noch wenige Leute kämpften um diese Uhrzeit gegen innere Schweinehunde. Für Annabell sah es aus, als wäre das wichtigste Instrument in diesem Raum ein Handtuch. Jeder hatte eines, entweder um den Hals, oder über der Lenkstange eines Fahrrades, das nicht von der Stelle kam, oder gerade mitten im Gesicht. Vielleicht war es eine Art Eintrittskarte, um hier mitmachen zu dürfen. Aber wer wollte das? Na, jedem das Seine.

„Herzlich Willkommen, die Dame, schauen Sie sich nur um, wir haben die richtige Abhilfe für Ihr Problem. Das Gerät hinten links, zweimal eine halbe Stunde am Tag und wir haben den Ausgleich, bevor Sie von Bord gehen."

Ein Sonnenstudio gebräunter Jüngling war aus dem Nichts vor ihr aufgetaucht und schien damit beschäftigt, seine Muskelmasse so auszujonglieren, dass er nicht umfiel.

Annabell sah ihn verstört an.

„Ich habe ein Problem?"

Der Jüngling lachte laut, klopfte ihr vertraut auf die Schulter und sagte:

„Schön, dass endlich mal jemand mit Witz hierher kommt! Kommen Sie!"

Er schob sie nach hinten links.

Sie ließ ihn gewähren, denn ein Hintergedanke machte sich bei ihr breit. Dieser Mensch muss sich hier auskennen und kann mir sicher den Weg zu meiner Kabine zeigen. Soll er kriegen, was er will, dann werde ich kriegen, was ich will.

Geduldig zeigte er ihr Übungen gegen seine diagnostizierte Brustmuskelungleichheit, stellte ihr die Apparatur ein und freute sich, dass sie ohne Murren tat, wie ihr geheißen.

Nach acht Wiederholungen trat er beiseite und der Handtucheffekt ein.

Sie blieb noch ein paar Minuten sitzen und betätigte die Folteranlage nur, wenn Jüngling zu ihr hinüber spähte.

Eine knappe halbe Stunde später stand sie auf, sammelte ihren ganzen Charme zusammen und befahl dem Jüngling, ihr umgehend den Weg zu ihrer Kabine zu weisen.

Als er nach gleich links, zwei Decks höher, dann einmal rechts und nochmal rechts den leeren Blick Annabells sah, war er ein Opfer seiner guten Erziehung.

Er bat sie, kurz zu warten, balancierte seine Testosterone zu einem Kollegen, mit welchem er sich per Handgeste und einem Kopfschütteln Richtung hinten links, absprach.

Dann begleitete er sie den gesamten Weg bis vor ihre Kabinentür.

Sie tat ihm Leid, und er wollte sie trösten, so umarmte er sie einfach und drückte sie.

Annabell verkrampfte, vor allem wegen des Schmerzes, den ihr dabei die geklaute Feige an der Brust verursachte.

Unverdrossen griff sie in ihren BH und holte die Frucht heraus, schloss die Tür auf, verabschiedete sich knapp und entschwand in ihre Kabine.

Der Jüngling suchte den ganzen Abend nach versteckten Kameras.

28
Arthur betrunken und gekränkt

Arthur war nach seinem dritten Mojito unumwunden zu Annabells Kabine gewankt.

Nach unerhörtem Klopfen saß er eine lange Weile auf dem Boden, an ihre Tür gelehnt und schlief ein.

Ein Gast hatte ihn im Vorbeigehen geweckt und nach seinem Wohlergehen gefragt. Aber Arthurs Alkoholfahne ließ diesen schnell weiterziehen.

Arthur klopfte abermals erfolglos an Annabells Kabinentür und schlappte langsam davon.

Doch gerade als er die halbe Treppe hinunter gestolpert war, hörte er Leute aus dem Fahrstuhl treten und die Stimme eines jungen Mannes:

„..gar nicht so kompliziert, und gleich sind wir bei Ihnen.“

Er drehte sich um und erkannte gerade noch Annabell, als die beiden untergehakt in den langen Gang einbogen.

Ihre Türe war die allerletzte, kurz vor dem Motorraum.

Er blieb am Anfang des Ganges stehen und spähte ihnen nach.

Dann sah er die Umarmung.

Ein Schmerz, der ihm bis dato völlig unbekannt war, zerschnitt seine Innereien.

Er drehte sich weg und floh an Oberdeck, auch da gab es eine Bar.

29
Annabell sieht schwarz, Feigling auch

Annabell kramte nach ihrem Küchenmesser, ließ sich auf's Bett plumpsen und schnitt sich die Feige auf.

Nachdem Feigling erst durchgeschüttelt und danach fast zerquetscht wurde, wurde es plötzlich hell. Ihre direkten Nachbarn zu einer Seite waren auf einen Schlag weg.

Das Messer erinnerte Annabell an ihren Mann. Sie hievte sich vom vibrierenden Bett und kontrollierte, ob das Gurkenglas mit seiner Asche noch im Versteck war.

Alles gut. Noch zwei Tage Fahrt und sie waren an der Stelle.

Ihre letzte Aufgabe, dann war sie vogelfrei. Frei für den Freitod. Niemanden mehr bedienen, sich um nichts mehr kümmern. Nur noch um sich selbst, und das war wertlos. Die einzige verbleibende Aufgabe wäre, Leben in ihr Dasein zu hauchen. Wozu?

Sie brauchte nur noch etwa einen Monat durchstehen, dann hätte sie die sichere Dosis der Tabletten zusammen.

Lustlos aß sie ihre Feige und machte es sich auf dem Bett so bequem wie möglich.

Feigling wurde schwarz vor Augen. Kurz vor der Reunion mit Träumling machte sich das Aus breit.

Annabell schaute die schwarze Scheibe des Fernsehers

an. Gedankenverloren kaute sie auf ihrem Feigenstückchen herum.

Ehe Feigling sich mit der neuen Situation beschäftigen konnte, wurden noch mehr Nachbarn aus der Gemeinschaft gerissen.

Ein malmendes Geräusch durchzog die Gegend, ihre lila-gelbe Wohnung wich einer Schlammlawine, die sie in eine enge, vollkommen dunkle Röhre presste.

Annabell schluckte schwer.

Ich sehe schwarz, wanderte ihr durch den Kopf.

Da sie nicht wusste, wo das moderne Ding von Fernseher anzuschalten war, nahm sie ihr mitgebrachtes Buch wieder auf.

39
Wir träumen von Verbundenheit

Während Feiglings Elektronen und Neutronen um die Wette Panik schoben, klammerte sie sich mangels anderer Möglichkeiten an des Alten Philosophie und meditierte in ihren Kernen 'ich will zu Träumling'.
Wohin sie jetzt auch geschoben, gezerrt, gespült wurde, sie ließ alles geschehen.
Alsbald kreisten ihre Elektronen und Protonen nur noch um eins: Träumling.

Ich wurde geschoben, gezerrt, gespült. Es war dunkel, eng und meine Kumpanen waren mal hier, mal dort.

Immerhin löste sich das Gefängnis der Starre schnell auf. Wir kamen 36 Grad Celsius immer näher und Elektronen und Protonen tanzten sich vom Blues in Richtung Rock`n`Roll vor.

Ich hatte keine Ahnung, wo ich war, vermutete nur leise, dass ich mich der 36 Grad wegen in einem Lebewesen befinden könnte.

Was ich aber genau wusste, war, wohin ich wollte: zu Feigling.

Und so träumte ich von der Zeit, als wir gemeinsam durch die Weiten der Ozeane tauchten. Ich verliebte mich erneut in ihre Gesellschaft und wog meine Kerne genüsslich in dieser Erinnerung. Ich ließ mich treiben und freute mich in ungebrochenem Vertrauen auf die Wiedervereinigung mit Feigling. Sie musste unmittel-

bar bevorstehen.

Dankbarkeit durchströmte mich.

30
Arthur kennt sich nicht wieder

Arthur saß vor einem Glas Wasser.

Die Bar an Oberdeck schloss soeben, er war der letzte Gast. Warmer Wind blies durch sein Hemd, das Schiff fuhr auf offener See Richtung Saint-Tropez. Der Vollmond erleuchtete eine breite Silberspur über den Wellen. Einige Pärchen lehnten an der Reling eng umschlungen und beteten entweder den Mond, den geliebten Menschen oder sich selbst an.

Arthur wusste nicht, wie ihm geschah. Er verstand die Welt nicht mehr. Den Schmerz der Eifersucht kennenzulernen war das eine. Warum auch nicht, das Credo dieser Reise war schließlich, unbedingt etwas zu ändern an seinem Lebensstil. Seinem Arzt hätte er etwas zu berichten.

Obwohl es ihn anwiderte bei dem Gedanken an fettige, dreckige Hände, die sicher darin herumgewühlt hatten, griff er in die Erdnussschale und schmiss sich eine Handvoll in den Mund. Er hatte das Gefühl, er müsse hier eine Nuss knacken. Es konnte doch nicht sein, dass ein Schönling wie er auch nur das kleinste Zucken verspürte, wenn er diese Frau in den Armen eines anderen sah!

Diese Frau! Frau? Dieses Neutrum, dieses uralte, verbitterte, verknöcherte, weltfremde, hässliche Etwas! Ich fühle mich zu so etwas hingezogen?! Diese Reise verblödet mich! Von wegen ausspannen, gesunden, gelassen und ausbalanciert zurückkehren.

Das hier war ein Horrortrip! Eine Geisterbahn auf offener See! Und man kann noch nicht mal eben aussteigen!

Er musste an Clara denken. Eine Studienzeit-Liebschaft, mit der er in der Geisterbahn auf dem Oktoberfest drei Runden lang durch geknutscht hatte. Eine der wenigen Ex-Freundinnen, mit der er noch Kontakt hatte. Nein, eigentlich die einzige. Es war eine unbeschwerte, schöne Phase damals.

Aber auch die Zeit, als Erik verschwand. Hatte er nicht kurz vor seinem Abgang gesagt, er wolle auf Ibiza sein Glück versuchen? Spanisch konnte er ja, dank dieses badenden Insel-Au-Pairs!

Arthur wurde heiß, seine Hände klitschnass. Warum fiel ihm das ausgerechnet hier und jetzt ein? Als Erik Ibiza erwähnt hatte, nahm ihn keiner ernst – wie immer eben. Wenige Monate später war er weg, doch niemand hatte eine Verbindung zu Ibiza gesehen. Seine Eltern hatten ohnehin jegliche Verbindung negiert, geradezu untersagt, als wären sie heilfroh, das schwarze Schaf los zu sein.

Dass er selbst diese Möglichkeit nie in Erwägung gezogen hatte, ließ ihn innerlich erschauern.

Was war nur mit ihm los? Hatte ihm jemand eine Pille ins Glas geworfen? Gefühle, überall Gefühle, von Eifersucht bei Annabell, völlig grotesk, über Vertrautheit mit Clara, war doch längst passé, bis zur Verzweiflung wegen dieses Deppen Erik. Ihm war schlecht. Gefühle, ja, aber für andere Leute?

Eine ihm völlig unbekannte Sehnsucht nach Verbindung mit diesen Leuten strömte durch seine Adern.

Das Schiff glitt auf einem dunkelblauen Spiegel dem Mond entgegen.

Er rutsche vom Barhocker, stellte sich an die Reling und suchte den Horizont nach einer Erklärung ab.

31
Annabell fühlt sich zu Arthur hingezogen?!

Annabell schlief ungewöhnlich lange. Die Innenkabine war naturgemäß stockdunkel, wenn man kein künstliches Licht anschaltete. Als sie aufwachte, galt ihr erster Gedanke Arthur. Sie wollte ihn so schnell wie möglich wiedersehen.

Unfassbar!

Ihr Verstand konnte dies überhaupt nicht einordnen, so dass ihre Falten des grübelnden Unverständnisses ihr gewohntes Tagwerk begannen. Sie ertastete den Lichtschalter, pellte sich aus dem Bett und schlurfte ins Bad.

Sie besah sich lange im Spiegel. Sie untersuchte ihr Gesicht nach eventuellen Barthaaren und Mitessern. Da sie nichts dergleichen fand, blieb ihr Blick an ihren Augen hängen. Das Drumherum, die buschigen Augenbrauen, die kurzen, unspektakulären Wimpern, die Krähenfüße, die beginnenden Tränensäcke. Das Weiße im Auge war klar.

Plötzlich sah sie tiefes Blau und erschrak. Sie kannte zwar das Blau, so stand es in ihrem Reisepass, doch hatte sie wohl zeitlebens auf ihre Augen geschaut, aber nie in sie hinein.

Sie erschauerte. Sie hatte das Gefühl, dass sie sich selbst das erste Mal wirklich ansah. Das war also sie. Der uralte Spruch, dass die Augen das Fenster zur Seele wären, füllte sich mit Bedeutung. Ihr Blau war tief, unermesslich tief. War sie tief?

Jedenfalls war sie tief gefallen.

Ihr Blick klebte ihm Blau, ihr wurde schwummrig und sie musste sich am Waschbecken abstützen. Dankbar für den kalten Reiz an den Händen, konnte sie sich vom Blau losreißen und sah auf ihre krampfenden Finger, die sich immer mehr in eine Pfötchenstellung zusammen zogen. Ein Zeichen von totaler Überforderung, hatte sie mal in einer Apothekenrundschau gelesen.

Der Krampf löste sich, als die Tränen fließen durften. Kein Ton begleitete ihr Weinen. Das Salzwasser lief und lief. Sie öffnete den Mund, weil ein gewaltiger Schrei sich Bahn brechen wollte, doch es kam nichts.

Sie blickte wieder in den Spiegel, doch konnte durch ihre nassen Augen nur eine Fratze erkennen. Ja, eine Fratze, da klinkte sich ihre Ratio wieder mit ein. Wer zum Teufel bin ich eigentlich? Und wozu sollte ich das wissen wollen? So kurz vor Schluss? Aus, Ende?

Dann schlich sich wieder ein Bild von Arthur ein. Sie konnte wischen, schrubben, putzen, es blieb. Irgendetwas zog sie zu ihm hin, diesem geleckten Unterhosenmodel.

„Oh, sorry!“ piepste plötzlich eine Stimme neben ihr.

Annabell schmiss sich hektisch kaltes Wasser ins Gesicht und drehte sich zur offenen Badtür um. Sie sah nur noch den Zipfel eines weißblauen Kittels, hörte die Türe sich schließen und dann das Poltern eines Rollwagens auf dem Gang. Es musste schon spät sein, wenn die Zimmermädchen bereits unterwegs waren.

Die Uhr zeigte noch eine halbe Stunde Frühstück. Das war zu schaffen, bezahlt ist bezahlt, nein, eigentlich brauchte sie dringend Ablenkung, sonst käme der Schmerz wieder und noch fehlten ihr einige Tabletten.

Nein, sie wollte Arthur wiedersehen, und Frühstück war eine Chance dafür.

Wenige Minuten später zog sie die Tür hinter sich zu und fand kurz vor Eingangsschluss das Buffet.

Sie lud sich wahllos Speisen auf. Geschafft. Nun noch einen möglichst leeren Tisch.

Und da saß er!

Ihr Herz hüpfte. Ihr Verstand bockte.

Plan, ich brauche einen Plan. Er hat mich noch nicht gesehen, und somit auch nicht, dass ich ihn schon gesehen habe. Schulmädchenplan? Ich gehe nah an ihm vorbei, dass er mich sehen muss und mich auffordert, mich zu ihm zu setzen. Ein guter Plan.

Er sah sie nicht. Arthur rührte wie abwesend in seinem kalten Kamillentee herum.

Sie ging ein zweites Mal an ihm vorbei, langsamer.

Nichts!

Ihr Teller wurde mit der Zeit schwer. Ihre Radien um seinen Tisch wurden kleiner.

Nach der neunten Runde knallte sie den Teller auf seinen Tisch und schnauzte ihn noch im Stehen an.

„Du egoistischer Mistkerl! Hast nur Augen für Dich!“

Am liebsten hätte sie sich jetzt umgedreht und wäre erhobenen Hauptes davon geschritten.

Sie setzte sich geschmeidig neben ihn.

Er sah entgeistert auf und seine Verwirrung steigerte sich noch, als er merkte, dass er sich trotz dieser rüden Worte unheimlich freute, sie zu sehen.

Ja, es war unheimlich!

40
Feigling und ich baden in Vorfreude

Ich schwelgte in meiner Vision der Wiedervereinigung mit Feigling. In liebevoller Dankbarkeit umkreisten meine Elektronen und Protonen meine Kerne.

War dies ein Traum, oder nahm ich tatsächlich ihre Schwingung gerade auf?

Was sind denn das für Fragen eines Zweiflers, schalt ich mich selbst putzvergnügt. Sie schien in unmittelbarer Nähe zu sein! Vielleicht in einem guten Meter Abstand? Mal ganz im Vertrauen, natürlich ist sie hier und so gut wie angedockt!

Meine Gefühle wurden intensiver und ich platzte schier vor Freude.

Feiglings Kerne pulsierten wie Rennpferde vor dem Start. Ich war für sie greifbar nahe, vielleicht nur noch ein Meter Abstand zwischen uns, sie konnte sich nicht täuschen. Meine Schwingung schwappte immer wieder zu ihr herüber.

Was war das für ein wundervolles Gefühl.

Sie platzte schier vor Freude.

32
Man knüpft Verbindungen

Annabell platzte.

„Du bist der letzte Mensch, mit dem ich mich unterhalten will. Du bist der letzte Kerl, dem ich in die Augen schauen will!“

Noch während sie die Worte heraus schleuderte, wurde ihr bewusst, was sie da angesichts ihres baldigen fatalen Vorhabens eigentlich sagte: er ist der letzte Mensch vor meinem Abgang, ist das zu fassen!

Ein Stich fuhr ihr direkt ins Herz. Sie wand ihren Blick von ihm ab, und sah auf ihren Teller, verblüfft aufgrund ihrer eigenen Worte, des Stiches und was sie da auf ihrem Teller sah.

Sie hatte im Leben noch keinen Speck mit Rührei gegessen. Ihr Mann wollte immer Müsli und den Kindern war auch nichts anderes eingefallen.

„Du redest mit mir, das ist ja eine tolle Überraschung.“, sagte Arthur tonlos.

„Wieso?“, keifte sie zurück.

„Ja genau, wieso. Erstens bist Du gestern mitten im Gespräch einfach gegangen, und zweitens solltest Du doch mit Deinem Gspusi hier sitzen, oder?!“, erwiderte Arthur gereizt.

„Gspusi?“, fragte Annabell ahnungslos.

„Na dieser Eiweiß-Wichtel, den Du gestern Abend auf Dein Zimmer gezerrt hast! Hoffe, der kleine Mann konnte Deine sicherlich hohen Erwartungen erfüllen! Du weißt schon, dass Du Dich mit Minderjährigen strafbar machst? Oder musstest Du ihn bezahlen?“

Arthur redete sich in Rage.

„Ach, bestimmt, so war es! Denn wer auf der Welt sollte sich freiwillig über diesen zerknitterten Leib hermachen? In der Taille versumpft man bis zum Ellbogen, an der Brust reißt man sich nur einen Splitter unter den Fingernagel und der Rest stinkt sicher nach totem Fisch!“

Annabell schwieg.

Was hatte er da gerade gesagt? So hatte sie noch nie jemand beleidigt, nicht einmal ihr Mann. Wozu auch. Nicht beachtet zu werden, kannte sie gut. Dass sich aber einer die Mühe machte, den Grund der Missachtung in Worte zu kleiden, war neu.

Aber wovon redete er da überhaupt?

Sie nahm einen Streifen Speck in die Hand und kaute auf ihm herum. Besteck hatte sie vergessen mitzunehmen und es lag keines auf dem Tisch, denn die Frühstückszeit war vorbei und man legte nichts nach. Von was für einem Wichtel sprach er denn?

Sie durchforstete die letzten Tage. Siedend heiß fiel ihr der Muskel-Jüngling hinten links wieder ein und sie musste innerlich grinsen. Äußerlich war es ihr noch verbaut. Was regte er sich über eine Gangbegleitung auf, die er wahrscheinlich beobachtet hatte. Stieg er ihr nach?

Du meine Güte, der Bursche war eifersüchtig! Seine verletzenden Worte wandelten sich in ein wahres Geschenk. Jetzt drang kaum bemerkbar ein Lächeln nach draußen.

Dieses, gepaart mit ihrem Schweigen, warf Arthur auf sein Gesagtes zurück, denn es hallte noch über dem Tisch nach. Er fühlte sich schlecht. Es war unangemessen, ihr abstoßendes Äußeres ihr so direkt vor den Latz zu knallen, es gab Spiegel, sie musste es ohnehin wissen.

Er ärgerte sich weniger über sie, als über sich selbst. Irgendetwas zog ihn zu ihr und er konnte beim besten Willen nicht verstehen, was und warum.

Außerdem hatte er den Rest der Nacht kein Auge zugetan, sondern ständig Bilder von Clara und Erik gesehen. Die beiden taten sehr vertraut und badeten in einer Bucht von Ibiza. Er musste doch etwas geschlafen haben, denn dieser Film roch nach Traum. Da hatte er ja grandios Regie geführt, Eifersucht, Clara, Erik auf Ibiza, zusammengeschnitten. Und wo war er selbst dabei? Er hatte an einer

Bar gesessen und beiden zufrieden zugeschaut. Wind in den Haaren, Sand zwischen den Zehen, kostenloser Drink vor der Brust.

Annabell schob quietschend ihren Stuhl zurück, was ihn zurück an Bord schleuderte. Sie stand auf und ging, 'mal wieder' dachte er, und kam mit Besteck zurück.

Er freute sich, sah sie an, als sie sich setzte. Gar nicht so steif, musste er abermals bemerken und ergriff mutig das Wort.

„Es tut mir leid, Annabell! Ganz ehrlich..“

Er wunderte sich über dieses Wort aus seinem Mund, insbesondere, weil er es auch meinte.

„..ich freue mich über Deine Gesellschaft und vielleicht fangen wir nochmal von vorne an. Ohne Anschreien, Zicken, Beleidigen. Einverstanden?“

Er hatte etwas von einem Schelm, und das gefiel ihr. Seine Leichtigkeit, und wie er unkompliziert den Wechsel von bösartiger Unverschämtheit zu leibhaftiger Freundlichkeit vollzog. Das war ihr nicht gegeben. So vieles war ihr nicht gegeben, was konnte sie also verlieren?

„Einverstanden.“, sagte sie nicht ganz gleichgültig.

Arthur atmete erleichtert durch.

„Weißt Du, ich habe eine alte Freundin, die behauptet, nichts sei Zufall. Würde man diese Aussage ernst nehmen, wären wir beide also hier..“

Er malte mit seinen Zeigefingern Ausführungszeichen in die Luft.

„..geplant. Lach` jetzt nicht, ach, das kannst Du ja sowieso nicht, ups, t`schuldige, ehrlich. Was ich sagen will, vielleicht ergibt es irgendeinen Sinn, dass wir hier sitzen.“

Er holte tief Atem, bereit, ihren Stuhl wieder quietschen zu hören.

„Vielleicht den, satt zu werden?“, argwöhnte Annabell, halb ironisch, halb grübelnd.

Er hörte kein Quietschen, vielmehr sein vermisstes Knacken.

Sie waren mittlerweile die letzten im Raum und beschlossen, sich an Oberdeck in die Sonne zu setzen, um zufällig braun zu werden.

Es war ein Postkartenwetter, das Meer glitzerte bis zum Horizont. Der Himmel zeigte ein Blau, das sich gewaschen hatte, der Mond war noch schwach zu erahnen. Sie standen an der Reling wie bei ihrem allerersten Zusammentreffen.

„Ist das nicht traumhaft, Sonne und Mond gleichzeitig am Himmel zu sehen?“ Arthur fand zu seiner alten guten Laune zurück.

„Ja, stimmt.“

Für Annabell war es neu, sich über den Himmel Gedanken zu machen, wenn es sich nicht um 'brauche ich einen Schirm' handelte. Sie schwiegen einstimmig, Blick nach oben.

Nicht lange und Annabells Nacken machte ihr klar, dass solch eine Stellung nicht verabredet war. Sie neigte ihren Kopf zur Erholung nach unten und bemerkte, dass die Welt nach unten dunkler ist als die Welt da oben. Was für ein seltsamer Gedanke!

Und nun sollte sie die Asche ihres Mannes über Bord nach unten kippen, damit er da oben in Frieden ruhen möge. Sie seufzte laut.

„Du bist schlau.“ Annabell schielte steif zu ihm hoch.

Arthur dachte, welch ein gelungener Neustart und triumphierte.

„Wir sind uns schon wieder einig!“

„Kannst Du mir sagen, wann wir genau ein-ein-halb Seemeilen nord-nord-ost vor Ibiza sind?“

„Das ließe sich sicher ermitteln. Grob würde ich mal sagen, etwa eine halbe Stunde vor dem Anlegetermin in Eivissa. Da schaust Du aber, wie schlau ich bin, stimmt`s?“, neckte er sie.

„Ich weiß, dass Du schlau bist, sonst hätte ich Dich nicht gefragt.“

Batsch, würde sie nie freundlich werden? Arthur bekam seine Antwort.

„Aber wenn Du es genauer erörtern könntest, würde mich das beeindrucken.“ Ihr Lächeln konnte sich nicht gänzlich vorkämpfen, doch Arthur hörte an ihrem Ton, dass sie nicht feindlich gestimmt war, Halleluja!

„Ich bin zwar unsäglich klug, doch im Hellsehen übe ich mich erst noch. Darf ich wissen, wofür Du die Info brauchst?“

Annabell überlegte. Es war ungesetzlich, was sie vor hatte. Ihr Lieblingsarzt hatte ihr geflissentlich davon abgeraten, es legal zu probieren. Es war strikt verboten und die Strafen, gerade in Spanien, wären immens. Würde er sie ankreiden? Aber was ging ihn der Tod ihres Mannes an! Brauchte sie ihn noch für irgendetwas, außer, die genaue Peilung herauszufinden?

„Nein.“, war die staubtrockene Antwort.

Ein mit feinster Feder gezeichneter Strich teilte das

Meer vom Himmel. Arthur akzeptierte kopfnickend. Aus ihren verhärmten Spielregeln war sie offensichtlich nicht herauszulocken. Er nickte ein weiteres Mal gen Federstrich.

„Gehst Du in Saint-Tropez an Land?

„Nein."

„Darf ich fragen, warum nicht? Hat man Dich dort schon mal abgezockt?".

Was frage ich, dachte Arthur bei sich, Saint-Tropez hatte sie sicherlich in der Schiffsreisebroschüre das erste Mal im Leben gelesen, wenn überhaupt.

Annabell wurde erneut strategisch. Erzählte sie ihm von ihrer panischen Angst vor Wasser, passte dies hervorragend in das Bild, das er von ihr haben musste. Er würde sich bestätigt fühlen. Sie entschied sich für die unverfängliche Variante ihrer Familie.

„Ich kenne es. Mein Sohn hat in Nizza studiert, wir haben ihn dort besucht und die Umgebung bereist."

„Du hast Familie?" Arthur war perplex.

Verdammt, sie hätte ahnen können, er fragt nach. Er fragte immer nach. Ist sein gutes Recht, er ist noch jung, er muss sich die Welt noch erschließen.

„Ja."

Ihre Antwort fühlte sich für sie an, als hätte sie ihm ihr gesamtes Leben haarklein vor den Füßen ausgebreitet.

Er wusste sie langsam zu nehmen. Wenn die Antwort einsilbig war, nicht nachhaken!

„Also ich kenne es nicht. Und deshalb will ich es mir anschauen. Und, frage nicht warum, ich würde mich freuen, wenn Du mich begleitest."

Er zwinkerte ihr aufmunternd zu.

41
Gleich, oder?

Wir, Feigling und ich, taumelten seit geraumer Zeit in Freudenwellen diesen einen, lächerlichen Meter voneinander entfernt, um die eigenen Achsen.

33
Saint-Tropez

In ihren Gummistiefeln hatte sich ein See gebildet. Die Bluse klebte ihr am Leib, die Stirn troff. Annabell wünschte sich ein Handtuch von hinten links.

Sie stand dicht gedrängt an Arthur in der Schlange der Wartenden für das nächste Beiboot. Das Kreuzfahrtschiff hatte Anker vor Saint-Tropez gelegt und nun wurden zwei der Rettungsboote als Überbringer an Land genutzt. Die See schaukelte enorm, der Wind hatte in den letzten Stunden ordentlich zugelegt.

Sie hatte ihm keinen triftigen Grund nennen können, warum er auf dem Schiff bleiben sollte, von ihrer Angst wollte sie ihm nichts sagen, viel zu intim. Dass sie sie nicht verbergen könnte, war ihr gar nicht in den Sinn gekommen, hatte sie sich doch sonst immer unter Kontrolle. Und den Tag ohne ihn zu verbringen, ließ sie ebenfalls Schweißausbrüche erahnen. Dieser nicht einzuordnende

Sog zu ihm nahm stündlich zu.

Am schlimmsten für Annabell war allerdings, dass ihr Gerüst, an dem sie sich seit unzähligen Jahren Tag für Tag orientieren, hochziehen, anlehnen konnte, wie auf Sand gebaut schien. Es wackelte und knarrte in jeder Strebe. Warum konnte sie plötzlich nicht ohne diesen Menschen sein? Und dann war es auch noch einer, dem sie niemals freiwillig in ihrer Welt einen Patz angeboten hätte!

Doch momentan beschäftigte sie vielmehr die Frage, warum sie in solch einer Todesangst schwamm, war das nahe Ende doch längst zu einer der letzten festen Streben geworden. Vielleicht, weil sie die Sache mit der Asche noch nicht erledigt hatte. Nein, das war es nicht, damit konnte sie leben und sterben, nicht gut, aber es würde zur Not gehen.

Plötzlich war sie an der Reihe. Das Beiboot hob und senkte sich um knapp einen Meter neben dem Ausstieg. Es war ein solide gebautes, sogar recht großes Boot. Rundum geschlossen, damit man wahrscheinlich selbst vor Grönland in Seenot geraten, eine Chance hatte.

Es ähnelte eher einem kleinen Schiff, als einem grünen Schlauchboot. Doch das Schlauchboot hatte sein Spiel in Annabells Kopf längst aufgenommen. Arthur hielt ihr die rechte Hand, ein Typ in Uniform hatte ihren linken Arm in festem Griff. Sie verfluchte Speck mit Rührei, ihr Magen war ein gordischer Knoten. Man musste den richtigen Augenblick treffen, wenn das Beiboot zum Übertreten auf gleicher Höhe mit dem Ausstieg war. Der Uniformierte befahl immer etwas von eins, zwei, drei, jetzt, wobei beim 'jetzt' sein Griff einer Eisenkralle glich und ihr schwarz vor Augen wurde.

Er zählte schon ein Dutzendmal bis 'jetzt' und die Kommentare der Wartenden hinter ihr wurden lauter und derber.

Annabell hörte nichts davon, das einzige, was sie wahrnahm, war das stete Platschen des Wassers an die Bootswände. Eines war sie sich sicher, gleich würde ihr Herz aussetzen, fertig, Schluss, aus. D`accord.

Arthur und der Helfer gaben sich das Zeichen, dass sie sie gänzlich packen und hinüberheben würden... 'jetzt'... Hände schoben sich unter ihre Achseln und sie schwebte.

Annabells Panik war an ihrem Höhepunkt und ließ sie strampeln, verzweifelt Boden unter den Füßen suchend. Sie war schwerer als die beiden dachten, und so war es eher ein Hinübergerumpel als ein Überheben. Da Annabell mit ihren Füßen wild um sich trat, kam sie mit einem Fuß genau zwischen die sich schabenden Fender und Bootswände. Doch sie war schnell in ihren Zuckungen, so dass nur der Gummistiefel zerrieben wurde, ihr Fuß war frei.

Die Menge applaudierte, befreit vom menschlichen „Pfropfen Annabell“.

Arthur führte sie in engem Griff zu einer der kargen Bänke. Stocksteif ließ sie sich nieder und starrte mit weit aufgerissenen Augen aus dem kleinen Bullauge. In zügigem Wechsel sah sie mal hellblauen Himmel, mal tiefblaues Wasser. Der Schock malte sie kalkweiß.

Als sie wieder etwas zu sich kam, spürte sie Arthur dicht neben sich, eine harte Bank unter sich und ungewöhnlich viel Zehenfreiheit am linken Fuß. Sie fühlte, wie ihr Gesäß langsam nass wurde und wunderte sich, dass sie die Bänke vorher nicht getrocknet hatten. Sie sah die anderen Mitfahrer nochmal Plätze tauschen, konnte aber keine feuchten Hinterteile beobachten. Es dämmerte ihr: sie hatte sich in die Hose gemacht. Annabells Gesicht wurde zu einer steinernen Maske. Flach atmend blieb sie regungslos sitzen und schloss die Augen.

Kann man aus Scham sterben? Hoffentlich.

Arthur nahm den unguten Geruch wahr und sah das Häufchen Elend neben sich mitleidig an.

Zum Glück kannte ihn hier niemand. Er blieb großzügig neben ihr, wenn er auch sein Gesäß ein paar Zentimeter in sicheren Abstand verschob. Während der zehn Minuten Überfahrt blieb sie still sitzen. Kurz vor Ankunft zog er ihr wortlos den rechten Gummistiefel und die Socken aus und stellte sie hin, indem er ihren Händen an Stangen festen Halt zeigte. Mit leerem Blick ließ sie alles über sich ergehen. Er knöpfte sein Hemd auf, zog es aus, sah es sich nochmal an, zum Glück nicht eines seiner Favoriten, und knotete es um ihre Hüfte, so dass nur noch der Geruch sie verriet.

Den Ausstieg vollbrachte sie automatisiert, auch dank eines geringeren Seeganges und der Aussicht auf Land.

Arthur fühlte sich wie ein Schuljunge, der gerade stolz einer alten Dame über die Straße geholfen hatte. Dennoch war er froh, damals die Entscheidung seiner Eltern eindeutig gegen Zivildienst nicht boykottiert zu haben.

Er platzierte den Roboter Annabell auf der nächsten öffentlichen Parkbank, sein Hemd nun auf ihren Schoß gebreitet.

Da saß sie nun, barfuß, Hose voll, vor einer zwanzig

Millionen Yacht am pittoresken Hafen von Saint-Tropez.

„Ich bin jetzt für eine Viertelstunde oder so weg. Du bleibst hier und rührst Dich nicht von der Stelle, klar? Warte hier auf mich!"

Annabells hypnotisierter Blick ging durch ihn durch.

Er spurtete los und war wenig später mit einer vollen Plastiktüte und leerer Lunge zurück. Er kramte in der Tüte und schob ihr als erstes Flipflops an die Füße, selbst beeindruckt, dass die Größe ziemlich gut passte. Von wegen, er würde auf Frauen nicht eingehen! Dann stellte er sie abermals auf, verband sie wieder mit seinem Hemd und schleifte sie gut hundert Meter aus der belebten Touristenzone hinaus zu einem stiefmütterlich gepflegten Abschnitt einer alter Hafenmole. Auf den ersten Metern machten die Leute von allein die Bahn frei, weiter hinten war es ohnehin wie ausgestorben.

Er stoppte sie an einer Stelle, an der ein paar glitschige Stufen ins Wasser reichten. Die Schlappen nahm er ihr wieder ab, krempelte ihre Bluse hoch bis unter den Busen – darunter hätte ja ein ganzer Wintermantel Halt gefunden - schlich es durch seinen Kopf, und setzte sie vorsichtig auf eine Stufe, die bereits unter Wasser lag.

Bis hierhin lobte er sich selbst für seinen Plan, doch jetzt machte sich Ratlosigkeit breit. Er konnte ihr doch nicht einfach Rock und Unterhose vom Leib reißen, wenn auch unter Wasser. Und er wollte es auch gar nicht, wirklich nicht!

Annabell saß wie ein vergessenes Denkmal da, aus Zeiten, als der Wasserstand noch niedriger war, und die Fischer mit ihren Booten neben ihr anlegten, dankbar, dass ihre in Stein gemeißelte Schutzpatronin sie wieder heil an Land gebracht hatte.

Arthur fühlte sich hilflos. Wie kam er nur aus seiner selbst arrangierten Nummer wieder raus? Er sah sich um, nach etwas, was ihm helfen könnte, damit ihm etwas einfiel. Auffiel ihm eine entlang spazierende Blondine, die unverschämt wenig trug. Ob sie viel ertragen konnte, und ihm den abstoßenden Teil abnehmen würde?

Nebenbei polterte ein erlösender Gedanke in sein Hirn: was ihn auch immer zu dieser Annabell zog, es hatte definitiv nichts mit Sex zu tun. Diese Klarheit tat unendlich gut. Clara? Er sah schmachtend der fast nackten Schönheit nach. Während er laut durchschnaufte, raste ein Motorboot vorbei und ließ mehrere große Wellen anrollen. Die erste krachte gegen die Mole, die nächste ergoss sich über Annabell. Die Dritte holte sie sich.

Sie schrie auf und rutsche von der veralgten Stufe ab. Arthur hatte sich nach dem Schrei umgedreht, sah aber keine Annabell mehr.

„Nein!“, brüllte er vor Entsetzen.

Er eilte die zwei Schritte zum Mauerrand und suchte die unmittelbare Wasseroberfläche ab. Nichts!

„Das ist jetzt nicht wahr!“, fluchte er, im Konflikt zwischen Angst um Annabell und der Aufdeckung dieser ganzen beschissenen Peinlichkeit.

„So eine Scheiße!“, quetschte er leise durch die Lippen, denn er konnte einfach nicht nach öffentlicher Hilfe rufen. Die Blondine hatte kurz herüber geschaut, war dann aber unbeirrt weiter gegangen. Es war also an ihm, nach Annabell zu tauchen.

Er zog sich zögerlich bis auf die Unterhose aus, diverse Flüche leise vor sich hin grummelnd. Er hatte es sich selber eingebrockt, also ab ans Auslöffeln, rein in diese Suppe, er ließ sich zögerlich hineingleiten.

Da unten sah man in dem Dreckswasser die Hand vor Augen nicht. Nur aufgrund der Luftblasen, die aus seinem Mund stiegen, konnte er erkennen, wo oben war. War das hier die Kloake? Der Teil der Bucht, in die sie alles Abwasser fließen ließen? Er klappte kraftvoll seine Arme nach oben, damit er Füße voran ertasten könnte, wie tief es hier war. Keinerlei Grund spürbar, er war erleichtert, seinen Füßen das Eintauchen in ekligen Sumpf erspart zu haben. Es musste hier also mehr als drei Meter tief sein.

Seine Erleichterung fegte davon, als ihm bewusst wurde, dass er nun vor einer schier unlösbaren Aufgabe stand. Er verdammte sich dafür, dass er nicht sofort um Hilfe geschrieen hatte.

Annabell, es tut mir so Leid! Wie konnte ich mich mit Peinlichkeiten aufhalten, wenn es doch um Dein Leben ging! Ich hasse mich, ich hasse mich! Ich bin ein Monster! Ein Mörder!

Etwas berührte ihn kurz an seiner Wade. Ein Fisch? In diesem Schlammwasser? Er tauchte auf, um Luft zu schnappen und sich zu orientieren. Vielleicht trieb sie ja schon Gesicht nach unten auf die offene See raus. Er trat auf der Stelle und drehte sich im Kreis, nicht nur körperlich.

Aus dem Nichts klammerte sich ein Arm von hinten um seinen Hals. Er kreischte auf. Dem Kreischen wurde sanft mit kindlichen Piepsern erwidert:

„Ich hab` dich, alles gut, hab` dich. Ich rette dich, hab` keine Angst, alles gut.“

Es war Annabells Stimme, ganz nah an seinem Ohr, allerdings um viele Jahre fern und etwa fünf Oktaven höher.

Arthur bekam genug Luft und wehrte sich erstmal nicht, er war ohnehin zu perplex dazu. Was ist das für ein Spiel hier? Unendlich erlöst darüber, dass sie aufgetaucht war, lebendig. Doch maßlos verstört darüber, dass es nicht wirklich sie war, blieb er ruhig, unfähig, etwas zu unternehmen.

Sie strampelte nach Leibeskräften, um sowohl Arthur, als auch sich selbst über Wasser zu halten. Was macht sie denn da? Würde sie loslassen, könnten wir beide einfach ans Ufer schwimmen. Er spürte intuitiv – das Rationelle hatte diese Situation schon lange verloren - dass er weiter käme, wenn er das Spiel mitspielt.

„Annabell, Du bist die Größte. Ja, bring uns ans Ufer. Das machst Du toll. Alles ist gut.“

Sie tat wie ihr geheißen, hatte aber ziemliche Probleme, als sie ihn auf die Stufen wuchten wollte. Er half heimlich mit und legte sich oben auf den Mauerrand, gespannt, was jetzt folgen würde. Sie krabbelte mühsam hinter ihm die glitschigen Stufen hoch, setzte sich neben ihn und streichelte seinen Brustkorb mit beiden Händen.

Arthur hätte bersten können vor Erleichterung, sie lebte, sie war an Land und so auch er. Jetzt nur nichts Hektisches machen, war sein Plan. Sie rieb ihm mittlerweile die Brusthaare wund. Ganz langsam richtete er sich zum Sitzen auf, während sie ihre Streicheleinheiten sporadischer werden ließ.

Er nahm sie sanft in die Arme, sie kletterte, wie ein junges Känguru in den Beutel seiner Mutter, in dieses Nest aus Arthurs klitschnasser Männerbrust. Er fing an zu summen und wiegte sie im Takt.

Oh Annabell, was sind wir zwei für seltsame Gestalten.

Er hielt sie fest, so gut er konnte, zart genug, um ihr nicht weh zu tun, fest genug, um sicher zu sein, dass sie ihm hier nicht noch einmal entglitt.

Offensichtlich hatte das Spektakel niemand bemerkt, keiner, der dastand und glotzte, keine Polizeisirenen. Er spürte ein leises Zucken von Annabell. Mit einer Hand über ihren Kopf streichelnd sah er, wie ihr ein paar Tränen herunterliefen. Es wurden mehr und das Zucken kräftiger. Sturzbäche brachen schließlich Bahn und wurden von krampfhaftem Schütteln begleitet.

Arthur blieb gelassen, hielt sie weiterhin in fester, bergender Umarmung. Was sollte denn noch Schlimmeres passieren? Ein epileptischer Anfall? Dann hätte er wenigstens alles Recht, um Hilfe zu schreien. Nein, momentan alles im Griff, mit der Zeit wurde sie sogar ruhiger.

Erneut strich er ihr zärtlich über den Kopf und dachte, es sei klug, den Tenor noch nicht zu wechseln.

„Alles gut, meine kleine Annabell. Papa hält dich, hab` Dich, alles ist gut."

Annabell wischte sich die Augen aus und arbeitete sich langsam aus ihrer Höhle heraus.

Mit einem letzten Zucken und um fünf Oktaven wieder weiter unten gelagert seufzte sie:

„Mach` Dich nicht lächerlich!"

Arthur sah sie entgeistert an und brachte nur ein verwischtes 'hallo' heraus. Er merkte erst jetzt, wie erschöpft er war. Er klatschte seine vorletzte Anspannung mit der flachen Hand gewaltvoll auf die Mauer und brüllte die letzte in einem lauten langanhaltenden 'uuuaaahhh' heraus.

„Meine Fresse, Annabell, was war das denn?!“

Sie schwieg und er haute nochmals mit aller Wucht seine Hand auf die Mauer.

Sie strich sich die Haare aus dem Gesicht und flüsterte: „Etwas Schreckliches.“

„Du warst überhaupt nicht bei Dir! Erst wirst Du zur Furie, als wir in das Beiboot stiegen, bist dann eine inkontinente Demenzkranke und schließlich ein Kind! Ich bin bis jetzt sowieso nicht schlau aus Dir geworden, doch das eben haut den Boden aus dem Fass!“

Ein weiteres 'uuuaaahhh' befreite sich aus seiner Kehle. Jetzt schüttelte er sich, gewaltig.

„Arthur!“, sagte sie ruhig und machte eine Pause.

„Ich muss Dir danken.“

Ihre Pausen wurden unerträglich für ihn.

„Ja, das musst Du!“

Er schleifte die Plastiktüte zu sich heran und holte Kleidung hervor. Selbst noch in der nassen Unterhose zeigte er ihr eine einfache kurze Hose, die er ihr als Schlüpfer anpries und ein schlichtes, aber nicht unpfiffiges, Strandkleid.

„Das müsste Dir hoffentlich passen. Da drüben, die Schlappen, sind auch für Dich.“

Er wand sich von ihr ab und zog sich selbst wieder an. Er hatte auch schnell ein T-Shirt für sich gegriffen, vom erst besten Verkaufsstand. Erst jetzt sah er, dass es einen Aufdruck hatte: I`m your hero. Noch umgedreht fragte er:

„fertig?“

„Fertig.“

Er posierte vor ihr und war überrascht von seiner schnellen Wahl: sie sah richtiggehend süß aus in dem blauen Hänger.

Ihr abstehendes Ohr spähte neugierig hinter einer nassen Haarsträhne hervor. Sie sah so – natürlich aus, wie Gott sie schuf. Ihr Antlitz war trotz Falten eine unverbaute Landschaft, rein, wahrhaftig. Ihre Gestik schien unverstellt, wie sie dasaß, kein gekünsteltes Brust raus, Bauch rein, Beine übereinander. Nein, einfach Natur pur.

Diese Einfachheit war eine Augenweide für ihn. Weil es fremd, neu, unbekannt war? Oder weil sie einfach lebendig war? Weil er sich eigentlich diese nicht einstudierte Grazie sehnlichst wünschte? Oder weil er inzwischen völlig bekloppt war, nach all dem?

Annabell musste unwillkürlich seine T-Shirt-Aufschrift lesen und beide fingen an, wie die Kinder zu lachen, erst glucksend hinter vorgehaltener Hand, dann prustend, den Bauch mit den Händen stützend. Sie stand auf, ging auf ihn zu und umarmte ihn, etwas steif, doch die Herzlichkeit drang durch.

„Danke!“

Er nahm es an und fühlte eine wohlige Wärme durch sich hindurch fließen, wie er es noch nie kennengelernt hatte.

„Bitte. - Es war mir zwar kein Vergnügen, aber – ich muss schon sagen, mit Dir erlebt man was!“

Annabell zog mit spitzen Fingern ihre Geldbörse aus ihrem ruinierten Rock und stopfte alle alten Klamotten in die Plastiktüte.

„Dein Hemd?“

„Hau` weg! Aber Deine Bluse ist doch nur nass, oder?“

„Sie hat ausgedient.“

Sie gab ihm mangels Taschen ihr Portemonnaie.

„Heute bezahlen wir alles hiervon.“

Sie schmissen die vollgestopfte Plastiktüte in den nächsten Müll und mischten sich unter die Touristen, die durch die schmalen Gassen schlenderten.

Saint-Tropez hatte viele Geschäfte zu bieten. Von überteuerten Eisdielen, Postkartenständen bis zu nobelsten Boutiquen. Unbeschwerte Ferienstimmung lag in der Luft, in der das Geld genauso locker wie seine Besitzer war. Arthur entdeckte ein exquisites Unterwäschegeschäft und bugsierte Annabell dorthin.

„Willst Du Dir nicht einen neuen BH kaufen?“

Sie sah an sich hinunter und befand den blauen Hänger als ideal kaschierend.

„Wozu?“ Sie lächelte, erkennbar.

„Ich habe mich nie so frei gefühlt. Soll baumeln, was will!“

Auch meine Seele, wenn ich eine habe, dachte sie bei sich.

Arthur fand das zwar nicht sehr sexy, aber, stopp, das war ja auch hinlänglich.

Sie kannte Saint-Tropez tatsächlich und führte ihn über romantische Plätze durch verwinkelte Sträßchen in einen oberhalb des Ortes liegenden Park mit wunderschöner Aussicht über die gesamte Bucht. Sie ließen sich auf einer Bank nieder.

Es war alles viel kleiner, als er es sich vorgestellt hatte, wahrscheinlich war es nur sein Name, der den Ort groß machte. Sie sahen ihr Kreuzfahrtschiff vor Anker liegen.

Arthur wurde mulmig zumute, als ihm durch den Kopf schoss, dass es keine andere Möglichkeit gab, auf das Schiff zurückzukehren, als wieder in das Beiboot zu steigen. Ich ertrage das nicht noch einmal. Besser, wir kaufen gleich hier weitere Ersatzklamotten! Es war keine Kunst, nach seiner weißen Nasenspitze und erstarrtem Blick zum Schiff, seine Gedanken zu erraten.

„Versprechen kann ich es nicht. Aber ich denke, es wird besser gelingen.“, sagte Annabell in die gleiche Richtung blickend.

Er sah sie zweifelnd an, wie gerne würde er ihr Glauben schenken. Neben ihr, an der Bank, hinten links, blühte ein Hibiskusstrauch. Sie stand auf und platzierte ihren Kopf zwischen zwei Blühten, so dass es aussah, als hätte sie diese im Haar. Ein freches Grinsen umrundete ihre Augen, umspielte ihre Lippen, etwas unbeholfen, aber sichtbar. Arthur musste lachen.

„Überzeugt, Du bist wirklich anders drauf als vorher!“

Annabell setzte sich wieder neben ihn. Beide genossen die Aussicht auf‵s Meer, keine Wolke am Himmel, nur eine leichte Brise hauchte durch ihr neues Kleid.

Sie schwiegen einträchtig.

Annabell legte ihre Hand auf seinen Oberschenkel. Weiterhin in die Ferne blickend, sagte sie:

„Ich bin Dir eine Erklärung schuldig. Was da eben passiert ist, ist schon mal passiert. Mit schlechtem Ausgang.“

Sie erzählte ihm, wie sie den Tod ihres Bruders als kleines Mädchen im Wasser miterlebt hatte. Sie war über sich selbst sehr verwundert, wie ruhig sie darüber berichten konnte. Seit damals hatte sie nie darüber gesprochen, aus Angst, falsche Worte zu wählen, heulend zusammenzubrechen, oder beim Erzählen den Glauben an die Richtigkeit zu verlieren inklusive ihres Verstandes.

Arthur war fassungslos. Mit solch einer Geschichte hatte ihn noch niemand konfrontiert. Es gab also Leute, die Schlimmeres erlebt hatten, als er selbst? Klar, wusste er das, aber so nah dran war er nie.

Er sah, wie gelassen Annabell neben ihm saß, und war heilfroh, nicht wieder umarmend eingreifen zu müssen. Allmählich dämmerte ihm, warum sie so komisch gewesen war. Und je mehr er verstand, desto größer wurde seine Scham, in all der Aktion vornehmlich an sich selbst gedacht zu haben. Sollte er ihr dies gestehen? Nein, wozu, es reichte, dass er es war, der sich hundeelend fühlte, sie hatte heute schon genug durchgemacht.

Auf dem Rückweg durch die Gassen kaufte sich Annabell noch das eine und andere Kleidungsstück, wobei Arthur ihr beratend zur Seite stand. Denn er hielt neongelb und rückenfrei für ein wenig übertrieben, ihrer neu entdeckten Freiheit Raum zu widmen.

Als sie an der Anlegestelle des Beibootes in der wartenden Gruppe der Schiffsreisenden standen, hatte sie neben vielem anderen sieben Paar Espandrillos eingetütet. Für Arthur hatten sie zwei neue Hemden gekauft, wovon er eines über dem heroischen T-Shirt gleich anbehielt. Damit sie beide Hände frei hatte zum Festhalten, trug er alle ihre Einkaufstüten. Soviel zu den Ersatzklamotten für die Überfahrt, drängte ihm sich ein Gedanke auf. Es blieb ein Gedanke, trotz relativ unsicherer Schritte, meisterte sie alle Stationen in sauberer Kleidung.

Es waren zum Großteil andere Mitfahrer als auf der ersten Übersetzung. Nur ein kleines Grüppchen Rentner erkannte sie wieder. Sie verkrümelten sich umgehend in eine andere Ecke des Bootes und tuschelten fingerzeigend gen Arthur und Annabell.

Annabell bemerkte nichts dergleichen, sondern harrte konzentriert und angespannt ihrer Lage. Um sich abzulenken, zählte sie immer wieder auf's Neue die Strasssteine an ihren Espandrillos, die sie gerade trug.

Arthur hatte alle Tüten bis unter das Kinn gestapelt auf seinem Schoß. Ihn nervte diese Glotzerei der Alten, zumal sie einen Glotzvirus aussandten, den die Übrigen aufschnappten, so dass binnen Kurzem das gesamte Boot sie als Show-Einlage betrachtete.

Ein Kind riss sich von seiner Mutter los, die vor Schreck erstarrt sitzen blieb und ihren hochroten Kopf sofort zur Seite schwenkte. Das Kind kam angerannt, stellte sich geradewegs vor Arthur und fragte frei heraus: „Kostest Du mehr als zehn Eis?“ Dank der Tüten konnte Arthurs Kinnlade nicht herunterfallen. Annabell hielt in ihrer Zählerei inne, sie konnte ja gleich nochmal nachzählen, und flüsterte dem Kleinen ins Ohr:

„Unbezahlbar.“

34
Annabell atmet durch

Zurück in ihrer Kabine breitete Annabell alle neuen Habseligkeiten auf ihrem Bett aus. Sie plumpste erschöpft auf den Schreibtischstuhl und ließ ihren Blick über die Sachen schweifen, wie ein Anführer über seine Horde Revolutionäre nach gelungener Ansprache. Sie beantwortete sich selbst ihr 'wozu' mit einem 'warum nicht'. Dann würden ihre Kinder eben mit Vierhundert Euro weniger Erbe klar kommen müssen, dachte sie trotzig.

Sie kontrollierte wieder den Verbleib des Gurkenglases. Morgen war es soweit. Sie schluckte schwer. Sobald das erledigt war, gab es keinen Grund mehr weiterzumachen.

Wozu.

Sie fing an, ihre unbequemen Blusen et cetera in die größte Tüte zu stecken, sollte sich doch die Putzfrau was aussuchen. Über ein halbes Jahrhundert hatte sie nach dem Motto gelebt, erst alle Sachen auftragen! Das wäre nun ohnehin nicht mehr zu schaffen, also wozu aufheben. Warum nicht auf ihren letzten Metern noch etwas spinnen.

42
Ich schon wieder außer Reichweite

Feigling fluchte erbittert. Ich war so lange so nah zu spüren, und jetzt? Weg war ich! Das war so typisch für mich! Tue so und dann doch nicht. Wie gerne hätte

sie dem Alten geglaubt, dass immer alles gut ist.

Die Gedanken an ihn beruhigten sie dennoch ein kleines bisschen. Alle Hoffnung war nicht verloren. Träumling! Es drehte sich nicht alles nur um Träumling. Es ging auch um ihr eigenes Dasein, ihre Erfüllung. Als Feige hatte sie sie erlebt und geliebt. Sie tröstete sich selbst mit ihren Erinnerungen und fokussierte sich erneut, wenn auch angestrengt, auf das Wiedersehen mit mir. Die Hoffnung stirbt zuletzt.

35
Arthur braucht Abkühlung

Arthur stand in seiner Dusche.

Kalt, er brauchte kaltes Wasser. Klare Gedanken. Clara. Was für ein verrückter Tag. Kalt duschen musste helfen, die Geschehnisse zu verdauen. Er war wohl gar nicht cool genug, dass die Dinge spurlos an ihm vorbeigingen.

Er drehte den Wasserhahn auf seinen blauen Anschlag und ließ das Wasser kommen. Er brüllte kurz auf, vor Kälte und seiner eigenen Courage. Flugs stellte er sich flach atmend neben den Strahl.

Das erste Mal seit Langem spürte er seinen Magen wieder mitreden, in schrillen tonlosen Schreien. Kein unerträgliches Krampfen, aber fies genug, um den Hebel Richtung Rot zu schieben.

Wohin trieb ihn diese Reise nur? Er wollte doch zu sich selbst kommen. Nun war plötzlich eine Annabell, eine alte, komische Frau, im Vordergrund.

Und er? Was ist mit ihm?

Wer hält mich in den Armen, streicht mir über den Kopf und sagt, dass alles gut ist! Sein Magen funkte. Wer reibt mir den Bauch? Er massierte sich die Haare mit Shampoo ein. Wer wäscht mir den Kopf? Ein fast hysterisches Lachen quoll aus ihm empor. Eben! Ich kann das alles selber! Habe noch nie jemanden gebraucht und werde auch niemanden brauchen, nur ab und zu gebrauchen, Mann bleibt Mann.

Sein Magen zwang ihn ins Bett. Mit einer Schmerztablette schlief er endlich ein.

43
Ich träume weiter

Ich vibrierte in ungebrochener Vorfreude.

Ein paar Mal wunderte ich mich zwar, dass Feigling nicht längst Elektron an Elektron mit mir tanzte.

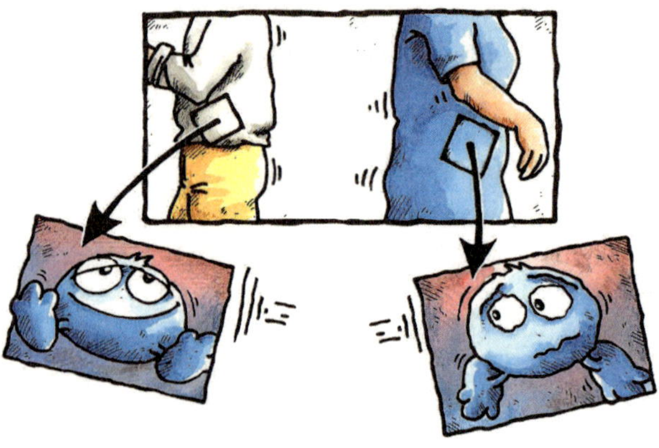

Zudem nahm ich wahr, dass unser beider Abstand sich wieder immens vergrößert hatte.

Blieb alles nur ein Traum? Und wenn schon, dieser Traum war ein einziges Treiben in Gottes Schoß, gefüttert von Manna, gehalten im Glück.

Ich tauchte wieder in meinen Traum ab und gab den Gefühlen des Eins-Seins volle Fahrt.

Und unzählige weitere H_2Os wurden von diesem Gefühl mitgerissen.

36
Arthur träumt

Arthur wälzte sich im Schlaf schwer hin und her.

Clara stand in einem blauen Hängerchen neben ihm, hielt seine Hand, sie blickten über die Bucht von Saint-Tropez. Auf einem Kreuzfahrtschiff, das vor der Bucht trudelte wie ein kleines Beiboot, stand ein Mann an der Reling und winkte. Arthur kramte aus Claras Rucksack eine Kamera hervor und zoomte sich den Winkenden näher heran. Es war Erik, mit Achtzehn. Er hatte die Uniform eines 'ich-helfe-dir-ins-Beiboot'-Typen an. Arthur nahm die Kamera vom Auge und wollte gerade Clara berichten, was er sah, als ihn Magenschmerzen zusammensacken ließen.

In einer verkrampften Embryo-Stellung wachte Arthur auf. Sah aber noch jedes Detail seines Traumes deutlich vor sich.

Er schmiss sich eine zweite Tablette ein, verkroch sich

erneut unter seine Decke und hoffte, den Anschluss seines Films nicht zu verpassen.

37
Die Asche

Annabell saß an einem leeren Frühstückstisch und wartete darauf, dass Arthur auftauchte. Sie war zu nervös, um auch nur an Essen zu denken.

Heute war der Tag, an dem sie das Gurkenglas entleeren musste.

Und Arthur wollte sich beim Schiffspersonal schlau gemacht haben, wann der richtige Moment dafür sei. Doch zu seiner Kabine hätte sie niemals gefunden, und irgendwann musste er doch hier reinkommen!

Seit Frühstücksbeginn saß sie nun schon geschlagene zwei Stunden hier, immer mit Blick auf die Eingangstür. Gestern Abend zurück an Bord hatte jeder Ruhe für sich selbst gesucht, nichts wurde verabredet, man nahm stillschweigend an, das nächste Aufeinandertreffen ist mehr als sicher. Sie warf nur kurz einen Blick aus dem Panoramafenster, in der Angst, ein Landstrich von Ibiza könnte sich bereits unbemerkt anschleichen.

Was hatte er gesagt? Kurz vor Ankunft, das musste heute Abend sein laut der Reiseunterlagen. Also wieder die Tür ins Visier genommen. Wo blieb er nur!

Arthur ging den Telefonbuchspeicher seines Handys durch. Christina, Christine, Clarissa, zu schnell, einmal zurück, da war sie, Clara. Er wählte die Nummer an. Vor dem ersten Freizeichen drückte er die Austaste. Wie würde er sie überhaupt begrüßen? Uninteressiert wie immer?

Sie war ihm einmal zu oft Darstellerin in einem Traum gewesen, als dass er unvermindert gleichgültig klingen würde. Diese erträumte Verbindung von Clara, Erik, Ibiza war doch absurd!

Und wenn es etwas gab, das er sich selbst geschworen hatte, dann war es, niemals jemandem nachzulaufen. Weder ihr noch Erik! Doch der Anruf, den er tätigen wollte, betraf beide, und würde seinen Schwur gleich doppelt verletzen, seine Würde verstümmeln.

Er warf das Handy wütend in sein Kopfkissen. So kam er nicht weiter. Er könnte sie anrufen, um nach seinen Zimmerpflanzen zu fragen und ob was Wichtiges in der Post war. Albern! Sie würde es riechen. Sie roch alles. Doch falls tatsächlich, er schlug sich selbst auf die Stirn, was für ein kindischer Gedanke, falls Erik auf Ibiza war, dann wäre dies hier die Gelegenheit schlechthin, einfach mal bei ihm vorbeizuschauen, ohne eingestehen zu müssen, er hätte je nach ihm gesucht. Wie zufällig würde man sich treffen. Doch dazu musste er wissen, wo genau er auf Ibiza rein zufällig herumschlendern würde.

Ibiza! Heute Abend schon liefen sie dort ein. Er hangelte nach seinem Handy, richtete sich kerzengerade auf und wählte ihre Nummer. Er blieb eisern dran, um nach verschwitztem Warten zu entdecken, dass mitten auf hoher See kein Empfang war. Das Handy landete erneut im Kopfkissen, diesmal weniger heftig weg geschleudert, als vielmehr erleichtert hineingehoben. Ibiza!

Annabell hatte ihn doch beauftragt, die Sache mit den Koordinaten in Erfahrung zu bringen. Er rief mit dem Kabinentelefon die Informations-Nummer des Schiffes an, ließ sich mehrmals durchstellen und bekam schließlich, was er wollte: 20:18 Uhr, voraussichtlich, hieß es. Mit seinem Tipp, etwa eine halbe Stunde vor Hafeneinfahrt lag er goldrichtig. Ja, er war schon ein kluges Köpfchen! Diese kleine Genugtuung befreite ihn aus dem Klammergriff Clara-Erik.

Er schaute auf die Uhr, zum Frühstücken war es schon zu spät, also machte er sich auf, an der Bar einen Kaffee zu sich zu nehmen, einen starken.

Er wählte die Bar am Heck des Schiffes, das war die seiner Kabine nahegelegenste und hatte die netten Schirmchen über den Tischen gespannt. Er bestellte und nahm seine Tasse mit zu einem Tisch, der der letzte vor der Heckwelle war. Auf dem Tisch stand ein Aschenbecher, der eine gute Handvoll Zigaretten beinhaltete, die alleine vor sich hin abgebrannt waren. Er wunderte sich über diese Dekadenz mancher Leute und stellte ihn auf den Nebentisch.

Mit Blick in die Gischt ließ er sich den Kaffee schmecken. Er freute sich, wieder auf dem Damm zu sein, denn sein Magen rebellierte nicht.

Naturgemäß, am Heck sitzend, blickte er zurück. Bilder der Vergangenheit rieselten in seinen Kopf. Er und Erik packten gerade ein ferngesteuertes Auto aus einer Schachtel. Sie hatten es in der Mülltonne der Nachbarn gefunden. Nun wühlten sie nach der Fernbedienung. Erik war kopfüber schon in der Tonne verschwunden, als ihre

Mutter sie entdeckte, Erik an den Haaren herauszog, ihm einen schallende Ohrfeige verpasste und ihm selbst mit erhobenem Zeigefinger drohte.

Erik bekam immer die Ohrfeige, er immer den Zeigefinger, obwohl er ihn angestiftet hatte hineinzuklettern. Mutter fragte nie nach. So erklärten sie auch nichts. Erik hatte sich damit abgefunden, ihm selbst war es nur recht.

Eigentlich konnte er sich nur an die großen Nasenlöcher seiner Mutter erinnern, die ihn stets von oben anklafften. Von seinem Vater war ihm der Satz 'keine Widerrede' ins Hirn gemeißelt. Das war noch nicht mal ein ganzer Satz. Warum hatten seine Eltern überhaupt Kinder, wenn sie ihnen doch nur lästig waren.

Für seine Schwester, das Nesthäkchen, bestand das Nest auch nur aus Haken. Er erinnerte sich, dass sie für ihre selbstgewählten Spiele zuerst 'zu alt' war und dann 'zu jung'. Mit etwa zehn Jahren wog sie einen dicken Zentner. Wenn die Familie mal Essen ging, durfte sie zur Strafe nicht mit. Was sie wohl währenddessen gemacht hatte?

'Während-d-essen', er musste grinsen. Und dann zu Tode gehungert. Wie krank war diese Welt!

Annabell kam gerieselt. Wo mochte sie sich gerade herumtreiben in ihren Glitzer-Schlappen?

Genug Heck, genug des Blickes nach hinten. Nannte man das Reflektieren? Zumal es am Heck langsam recht zugig wurde. Blick nach vorne, befahl er sich, stand auf und schwänzelte gen Bug, er wollte sich einen zweiten Kaffee von dortiger Bar holen.

Am Pool lagen kaum Gäste, es war zu frisch heute. Ein paar vereinzelte Sonnenanbeter lagen mit Gänsehaut übersät auf ihren Handtüchern. Es war recht gutes Material darunter, sportlich geformte Pos, einladende Dekolletés. Er ging weiter. Er ging weiter? Er ging weiter.

Auf dem Tresen der Bug-Bar fand er einen Aschenbecher mit vor sich hin glimmender Zigarette. Hab` ich irgendeinen Trend verpasst, fragte er sich gereizt, halb vom Weitergehen, halb vom Qualm. Es war um einiges voller hier als an Heck. Der Wind kam mittlerweile streng aus nordöstlicher Richtung, somit war der Bug eher windgeschützt, und alle Liegen und Stühle waren im Nu besetzt. Er blieb also an der Bar stehen und bestellte sich seinen Kaffee.

Plötzlich sprang ihn jemand von hinten an, Klammergriff um seinen Oberarm. Er hörte ein gekeuchtes 'Arthur! Endlich!'

„Annabell! Ruhig Brauner, ruhig!“, er befreite sich aus ihrem Griff.

„Ich bin ja da, alles wird gut.“

Sie ließ augenblicklich los und sah ihn schräg von unten an, vorwurfsvoller ging nicht.

„Mach` Dich nicht lustig!“, knallte sie ihm entgegen.

„Komm, Du provozierst es ja geradezu!“

„Also, wann?“

„Wann Du mich provozierst? Na, das fing gleich am ersten A..“

„Wann sind wir ein-ein-halb Seemeilen vor Ibiza?“, unterbrach sie ihn schroff.

„Ach das, ja, 20:18 Uhr, voraussichtlich.“

„Voraussichtlich?“ Annabells Ungeduld vermischte sich mit Unsicherheit.

„Ja, voraussichtlich. Das haben die gesagt, nicht ich! Meine Güte, Annabell. Wir sind hier auf einem Schiff, die Strömung kann sich minimalst ändern, die Windstärke hat Einfl..“

„Ist das hier ein Segelschiff?“, schnitt sie ihm abermals das Wort ab.

„Annabell! Jetzt komm mal runter! Trink einen Schnaps, in Gottes Namen, und sag` mir, was Dich so fertig macht!“

Er stieg auf einen freigewordenen Barhocker, bestellte einen Schnaps und ließ sie stehen. Sie schwieg, mal wieder, und ließ den Schnaps stehen.

Annabell blickte ihm tief in die Augen und flüsterte: „Hast Du einen Juristen in Deiner Familie oder in Deinem Freundeskreis?“

„Nö.“ Er sah zwar kurz die klaffenden Nasenlöcher seiner Mutter aufblitzen, doch war sich seiner ehrlichen Antwort gewiss.

„Ichmussdaschmeinmannversenkn.“

„Bitte?“

Sie beugte sich zu seinem Ohr und hauchte fast unhörbar: „Ich muss die Asche meines Mannes versenken!“

„Ach was! Das ist ja ein Ding! Annabell, schau an, schau an! Es wird nie langweilig mit Dir! Na, dann müssen wir wohl langsam dem Kapitän Bescheid sagen, dass er sich fromme Worte parat legt, oder? Ist doch immer so, dass der Kapit..“

„Still!“

„Hast Du Deinen Mann etwa umgebracht?“

„Sssscchhh !! Nein. Ja. NEEIIN!“

„Also was jetzt!“

„Das geht Dich gar nichts an!“

„Und warum dann kein Kapitän?“

„Weil es illegal ist!“, kam wieder feucht in seinem Ohr an.

„Warum? Das wird doch oft gemacht, ist gar nichts Ungewöhnliches!“

„Weil es nicht ein-ein-halb Seemeilen vor der Küste sein darf! Mindestens drei müssten es sein.“

„Na, dann mach es doch gleich hier! Ganz einfach!“

„Nein!“

„Mein Gott, Annabell. Warum einfach, wenn es auch kompliziert geht!“

„Du hast ja keine Ahnung!“

„Nein, woher auch. Du badest Dich in Schweigen, umhüllst Dich mit Geheimnissen. Wenn`s Spaß macht! So kann ich Dir auch nicht helfen!“

„Du würdest mir helfen?“

Arthur schluckte. Das hätte er nicht sagen sollen. Seinen Samariter-Topf hatte sie gestern leer gelöffelt. Was sollte er denn jetzt noch für sie tun?

„Kommt drauf an.“, drückte er gebremst raus.

„Du könntest Schmiere stehen.“

„Das kann ich tatsächlich.“ Er sah den Zeigefinger, die Ohrfeige würde sie abbekommen.

„Aber Du müsstest mich schon einweihen.“, lockte er sie.

„Wozu?“

„Na, ich will doch alles richtig machen. Und wenn ich weiß, worauf es ankommt, dann ist das viel leichter.“

Er bekam Lust auf ein weiteres Abenteuer. Schmiere stehen hatte noch nie etwas mit Umarmen und Trösten zu tun.

„Also, das einzige, was Du wissen musst, ist, dass ich um 20:18 Uhr – war doch 20:18 Uhr, oder?“

„Ja“

„Die Asche über Bord kippen werde. Und Du musst aufpassen, dass mich keiner dabei sieht.“

„Klar, Baby, gebongt.“

Ihre Riesenaugen wurden feucht, sie kippte den Schnaps in einem runter.

„Wir könnten die Urne in hohem Bogen von meinem Balkon werfen. Es ist fast dunkel um diese Uhrzeit.“

„Oh, das wäre gut! ...es ist keine Urne.“

„Aber Du hast von Asche gesprochen, richtig?“

„Es ist ein Gurkenglas.“

„Nein! Du bist so schräg! Du hast ihn also doch umgebracht!“

Er konnte es sich nicht wirklich vorstellen, doch eine gewisse Unsicherheit kroch ihm allmählich unter die Haut.

„Ich habe ihn nicht umgebracht. Ich habe ihn bis zu seinem letzten Atemzug gepflegt.“

„Warum hast Du dann vorhin 'ja' gesagt, wenn auch gleich wieder verneint. Und warum diese saublöde Geheimnistuerei? Weißt Du was, ich steige aus. Das ist mir wirklich zu krank!“

Annabell sah zu Boden. Sie war am Boden. So kurz vor Schluss kumulierte sich alles zu einem unüberwindbaren Berg. Einem Wildfremden hatte sie schon viel zu viel anvertraut. Die Gefühle, Liebe, Enttäuschung, Hass rangen miteinander in erbittertem Kampf um die Oberhand. Und ihr Entschluss zum eigenen Schluss rückte mit diesem bevorstehenden Schritt in greifbare Nähe. Bleib standhaft, trichterte sie sich ein, halte durch, bleib einfach stehen.

Arthur wurde es zu bunt. Erst brubbelte sie von wegen Mithilfe gern genommen, aber mehrt sich nicht aus, worum es eigentlich ging.

„Annabell. Ich mach` Dir jetzt einen Vorschlag. Du erzählst mir bis ins kleinste Detail diese ganze verrückte Geschichte, und ich verspreche Dir, wirklich Schmiere zu stehen, wenn`s Dir hilft. Nicht mehr und nicht weniger."

„Auf Deinem Balkon?"

„Auf meinem Balkon."

Wenig später stand sie mit einem ausgebeulten Einkaufsbeutel am Handgelenk an seinem ganz privaten Reling-Abschnitt.

„Schön, nicht?", sagte er stolz.

„Ja, das ist es."

Sie war beeindruckt. Der Wind zerrte an ihrem Kleid und an ihren Nerven. Sie ging wieder hinein. Er bot ihr den Schreibtischstuhl an und flackte sich auf`s Bett.

„Da ist er drin, hm?" Er zeigte auf ihren Beutel.

„Ja, das ist er."

„Na, dann leg` mal los mit Deiner Schauergeschichte. Auf Sardinien hattest Du wenigstens noch eine Urne erwähnt, kein Gurkenglas. Oder hattest Du da nicht sogar von zwei Urnen gefaselt? Blau warst Du, so was von sturzbesoffen, hast wahrscheinlich schon Urnen doppelt gesehen. Aber gut, ich bin still, jetzt mal alles der Reihe nach, ich bin ganz Ohr."

„Es gibt zwei Urnen."

„Du bist eine Serientäterin?" Er war sich nicht mehr sicher, ob es eine so gute Idee war, sie mit auf`s Zimmer zu nehmen.

Sie sah ihn streng an. Und er hielt seinen Mund, obgleich er ihn nicht zu bekam.

Sie sammelte sich, lange. Seine Nervosität stieg.

„Ich erzähle es Dir nur ungern. Denn es geht niemanden etwas an. Aber ich bin zu schwach. Ich kann nicht mehr. Ich brauche wirklich Deine Hilfe, also Deinen Balkon. So geht es am einfachsten. Irgendwo an der Reling stehen immer Leute und ich.."

„Annabell, ist gut. Ich helfe Dir. Aber jetzt erzähl` endlich!"

Er wollte Klarheit. Wenn sich in der Geschichte irgendetwas von Mord bewahrheiten würde, wäre er der Stärkere, um sie sofort rauszuschmeißen und die Türe hinter sich zu schließen, das Bordpersonal anzurufen und.."

„Ich habe meinen Mann mit Anfang zwanzig geheiratet."

Oh Gott, so detailliert wollte er es doch nicht wissen.

„Ich liebte ihn, wirklich. Ich hatte schon damals das Gefühl, dass es eine einseitige Liebe war. Aber er machte den Antrag, also warum sollte ich nein sagen? Wir haben drei Kinder gezeugt, ich habe sie großgezogen. Er hat sich zurückgezogen. Er war ein Despot. Die Kinder sind alle früh aus dem Haus geflüchtet, wer kann es ihnen verdenken."

„Huh, wem sagst Du das!“

„Vor vier Jahren war er schwer krank geworden, weigerte sich jedoch bis auf ein paar kurze Ausnahmen, ins Krankenhaus zu gehen. Er wurde in den letzten zwei Jahren zum Pflegefall. Er ließ sich nur von mir bedienen, nahm keine andere Hilfe an, wenn ich eine Krankenschwester anfordern wollte. Er war ein knapp zwei Meter Mann, verstehst Du.

In der Nacht, kurz bevor er starb, schnitt ich ihm noch einen Apfel auf, und ritzte mir aus Versehen in den Finger. Ich dachte er schlief, als ich mich mit tropfendem Blut über ihn beugte, in der rechten Hand das Messer. Ich weiß nicht, warum, vielleicht war es sein Vermächtnis, das ich tags zuvor gefunden hatte, dass mir die Wut in die Glieder fuhren ließ. Ich stach nicht zu, auch wenn mir danach gewesen war! Ich stand einfach nur neben seinem Bett, mit Messer und Blut.

Jedenfalls schlug er plötzlich die Augen auf, und erschrak mächtig, als er mich damit, also mit diesem Messer und dem Blut am Finger im Halbdunkel über sich sah.“

„Nachvollziehbar.“, warf Arthur ein.

„Am nächsten Morgen lag er tot im Bett.

Ich rief diesen Arzt an, den kenne ich schon lange und gut. Er kam und stellte ohne Fragen den Totenschein aus. Aber er sagte, die Leiche würde nicht nach Vollendung seiner Krankheit aussehen, sondern nach Verbluten. Aber es fehlte ihm jegliche Wunde. Er sah mein Pflaster am Finger und fragte, ob mein Mann das Blut gesehen hätte. Ich sagte ja, aber natürlich nicht die ganze Wahrheit, dass ich wie eine Mörderin über ihm gestanden hatte.

Also, habe ich ihn nun umgebracht, oder nicht?“

Arthur ließ das erstmal setzen, dann erinnerte er sich:

„Clara, eine Freundin von mir, erzählte mal etwas von einem Zugarbeiter, der in einem Gefriergut-Wagon eingesperrt war und darin erfror, obwohl die Kühlung gar nicht eingeschaltet war. Er konnte also gar nicht erfrieren, aber da er der Überzeugung war, er müsse jetzt erfrieren, tat er es.“

Sie sahen sich beide mit großen Augen an.

„Dann habe ich ihn umgebracht?“

„Wie lange hätte er denn noch leben sollen?“

„Na, wenn`s nach mir gegangen..“

„Nein, laut Arzt!“

„Keinen Monat mehr.“

„OK, seltsame Geschichte, aber das lasse ich mal gelten.“

„Wie bitte?!“

„Weiter, Annabell. Wir sind immer noch nicht bei den zwei Urnen angekommen, da gibt`s doch noch eine Leiche, oder?“

„Nein.“

„Wie, nein?“

„Nein. Ihm galten beide Urnen, und so auch dieses Gurkenglas. Ich ließ ihn verbrennen, und offiziell – auch für die Kinder – in einer teuren Urne in einem Gemeinschaftsgrab bestatten. Man stirbt so wie man lebt, sagt man, nicht wahr? Er wird betrauert, wo er gar nicht liegt.“

Sie machte eine Pause, denn ihr fiel ihr eigenes Vorhaben ein. Freitod. Was hatte Freitod mit einem freien Leben zu tun? Das passte nicht!

„Was ist jetzt mit dieser zweiten Urne?“, fragte Arthur ungeduldig und durchkreuzte ihre Gedankengänge.

Sie atmete tief durch.

„Mein befreundeter Arzt hatte mir eine zweite, billige Urne besorgt, und wir schaufelten die Asche vor der Bestattung um. Denn..“, ihr brachen die Worte ab.

„Was, 'denn'?“

Annabell schloss die Augen, bevor sie wieder feucht werden konnten. Arthur riss sich zusammen und blieb steif auf seinem Bett liegen, keine Umarmung, nein, nichts gab`s.

„Ich hatte sein sogenanntes Vermächtnis gelesen, und in dem stand..“.

Wieder Schweigen.

Arthur sah auf die Uhr, verdammt, das Mittagessen hatte er nun auch verpasst.

„Das kann ich Dir nicht sagen.“, sagte Annabell mit belegter Stimme.

Arthur sprang vom Bett und rannte durch`s Zimmer.

„Das ist jetzt nicht Dein Ernst! Ich verpasse Deiner Horrorgeschichten wegen mein Mittagessen, und jetzt erzählst Du nicht weiter? Nein, nein, nein, meine Liebe, jetzt erst recht. Raus mit der Sprache, sonst raus aus meiner Kabine!“

Sie sah bedrückt zu Boden, knotete die Henkel ihres Einkaufsbeutels zusammen und wieder auseinander.

„Er hat darin geschrieben, dass seine Asche diese ein-ein-halb-Seemeilen nord-nord-ost vor Ibiza-Stadt ins Meer versenkt werden soll.“

„Ja, das habe ich mir jetzt schon gedacht, das ist nichts

Neues!“

„Aber mehr gibt es nicht.“

„Oh doch, so langsam kenne ich Dich. Schweigen bedeutet, dass da noch eine ganze Menge ist. Und ich will es wissen, jetzt!“

Er warf sich wieder auf sein Bett, blieb aber hochkant sitzen.

Annabell atmete schwer. Ihr Gesicht war fahl, ihre Hände zitterten. Es schien sich ein unfassbar großer Schmerz durch ihren Körper zu ziehen.

„Bei diesen Koordinaten handelt es sich um die Stelle eines Segelunfalles.“ Sie keuchte.

„Ja, und?“

„An Bord waren er und seine Freundin. Sie starb dabei.“

Sie japste kurz auf und biss sich eine Lippe blutig.

„Seit wann hatte er sie?“, fragte er tonlos.

„Der Unfall war vor meiner Zeit.“

„Dann hat er Dich also nicht betrogen. Meine Güte. Was hast Du denn?!“

Es platzte aus ihr heraus:

„Er hat mich mit einer Toten betrogen, jede Nacht, mit jedem Atemzug. Er hat mich nicht geliebt, er wollte nur eine billige Hausfrau. Er hat mich benutzt, mein ganzes Leben lang. Mir gesagt, was ich tun und lassen soll. Ich wurde nie geliebt!

Meine Tochter trägt den Namen dieser Toten!“

Die letzten Worte schrie sie, woraufhin jemand an die Kabinenwand klopfte.

„Beruhige Dich doch.“ Mit 'benutzen, nicht lieben'

konnte er keine wirklich schlimmen Gefühle, wie sie ihm gerade ins Gesicht gepfeffert wurden, verbinden. Trotzdem bemühte er sich um eine besorgte Miene.

„Warum tust Du ihm dann noch den Gefallen, hier mit diesem Gurkenglas?“

„Weil ich ihn geliebt habe. Und ich habe immer alles für ihn getan. So werde ich das hier zu Ende bringen.“

Arthur fühlte sich bestätigt, dass Männer Frauen nie verstehen werden.

„Wow“, war alles, was er dazu sagen konnte.

Annabell war auf ihrem Stuhl in sich zusammengesunken und kauerte wie eine verstaubte Stoffpuppe in der Lehne, ohne sie zu nutzen. Mit bittersüßem Beigeschmack sagte sie leise:

„Jetzt musst Du mir helfen.“

Arthur sah sie mit hochgezogenen Augenbrauen an. Klar, kein Problem, nicht für ihn. Vielmehr hatte er die Zeit im Visier. Es würde noch ziemlich lange dauern bis 20:18 Uhr, übrigens klassische Abendessenszeit, der Hunger kam. Und er wollte sie definitiv nicht so lange hier sitzen haben. Und schon gar nicht mit dieser gequälten Visage und einem aschebefüllten Gurkenglas.

Was war mit ihm? Schon wieder ging es um sie! Seine gezählten Urlaubsstunden verrannen in ihrer Gesellschaft, na Prost! Er musste sich doch noch einen Text ausdenken für das Telefonat mit Clara. Sollte sie tatsächlich etwas von Erik wissen - zumindest war im Traum die Verbindung überdeutlich gewesen - und er wirklich auf Ibiza hausen, dann musste er sich noch einen Mietwagen organisieren, und einen weiteren Text für Erik, und..

„Soll ich gehen?“

„Ja, nein, ja, nein. Nein. Ist schon gut.“

Ich Idiot, sie hatte doch gerade gefragt!

„Annabell, es ist nur, nun, ich habe auch noch etwas zu erledigen. Also, ich, ich und mein Leben müssen hier auch noch reinpassen, in Deinen strikten Zeitplan.“

Er versuchte, so wenig zynisch zu klingen, wie es nur ging. Es ging nicht.

Annabell stand auf und verließ ohne ein weiteres Wort seine Kabine. Er hielt sie nicht auf, obwohl ganze Heerscharen nach ihr greifen wollten.

Annabell zog die Kabinentür hinter sich kraftlos zu und blieb stehen. Sie hatte das Gefühl, als würden ihr jeden Augenblick die Beine versagen. Ihre letzte Strebe, ihr letztes Streben wackelte. Alles hatte sie ihm nun Preis gegeben, sie verurteilte sich dafür, wie konnte sie nur. Sie war leer, verletzlich, allein. Er verstand überhaupt nichts. Hatte sie anderes erwartet?

Ihr Verstand lachte sie aus. Ihr Herz weinte.

Natürlich war die Geschichte nichts besonderes. Der Schmerz galt dieser unbegreiflich großen Enttäuschung. Der Mensch, den sie liebte, hatte nur Verachtung für sie übrig gehabt. Diese Verachtung hatte sich langsam aber stetig unter ihre Haut gegraben. Er hatte nicht nur ihr Herz gebrochen. Ihre Selbstachtung war in tausend Stücke zersprungen, und sie fand nicht einen Splitter, um sie Stück für Stück wieder zusammen zusetzen. Sie suchte auch nicht, wozu. Sie hatte ein Leben ohne Sinn gelebt. Und diesem sinnlosen Leben wollte sie ein Ende setzen.

Ihr Kopf nickte das mit Wohlgefallen ab. Ihre Innereien schrieen.

Das hatte sie ihm natürlich nicht gesteckt, und das war nur gut so und sollte so bleiben. Was brachte sie denn nur aus der Balance? Dass nach 20:18 Uhr alle Aufgaben erledigt waren, und sie alles auf ihren Plan ausrichten konnte? Das war doch gut! Dem Schmerz sein Ende. Das war sehr gut! Dennoch klebten ihre Füße am Boden.

Keines festen Schrittes fähig, drehte sie sich um und klopfte zaghaft an seine Tür. Diese wurde umgehend aufgerissen, dass der Luftsog ihr die Haare um die Ohren flattern lies, nur das Abstehende konnte ein paar Strähnen aufhalten.

„Komm schon rein!“, ereiferte sich Arthur, so cool wie es nur ging. Es ging nicht.

Sie trat ein. Annabell nahm die Energie ihrer gesamten Innereien zusammen, obwohl sie Mühe hatte, den Aus-Knopf ihres Kopfes zu finden, der nun anfing zu kreischen, als sie Arthur fragte:

„Kann ich was für Dich tun?“ Sie wollte doch diese eingeimpfte Frage nie mehr stellen.

„Setz` Dich erstmal. Hör` zu, Entschuldigung!“

Arthur fühlte sich nicht wohl in seiner Haut, es tat ihm ehrlich leid, was ihn obendrein verwirrte, schon wieder ein neues Gefühl.

„Wir werfen dieses Gurkenglas heute und hier vom Balkon! Versprochen. Du solltest nur noch etwas hineinpacken, das es beschwert, damit es sinkt. Glücklich?“

Er strich sich durch die Haare, schlug die Hände auf seine Oberschenkel und sah sie erwartungsvoll an.

Glücklich? Annabell nickte versonnen. Sie war ihm

dankbar, dass die Gurkenglas-Aktion unter Dach und Fach war. Aber glücklich?

„Nein“, war alles, was sie dazu zu sagen hatte.

„Wie, nein?“ Jetzt wurden die Haare gerauft.

„Was willst Du denn noch, um Himmels Willen?“

Annabell schwieg, ja, was wollte sie eigentlich? Sie wollte ihr sinnloses Leben beenden.

„Ich kann Dir ja in Gottes Namen auch noch helfen, etwas ins Glas zu packen. Es macht Sinn, da etwas hineinzustecken.“

Seine Worte hallten in ihren Eingeweiden nach - 'es macht Sinn, da etwas hineinzustecken'. Etwa in ihr Leben?

„Ja, das kann sein.“, hauchte sie.

„Also gut,“, er nahm ihr den Einkaufsbeutel ohne Gegenwehr aus der Hand, holte das Glas heraus und begutachtete, wie viel Freiraum es zur Asche noch bot. Er sah sich in seiner Kabine um. Auf dem Schreibtisch stand ein gläserner Briefbeschwerer mit eingraviertem Kreuzschiffnamen.

„Der passt, der ist schwer.“

Er schraubte das Glas auf, Annabell wand den Blick abrupt zur Seite und hielt den Atem an. Arthur drückte den Briefbeschwerer vorsichtig in die Asche und schloss das Glas wieder.

„Perfekt. So, was noch?“

Er gab ihr das Glas zurück, sie hielt ihm nur den Beutel weit von sich gestreckt entgegen. Er legte es sachte hinein und sie fiel fast vorn über, als sie das Gewicht spürte.

„Sag` jetzt einfach, ich bin der Beste!“

„Du bist der Beste.“, gab sie brav zurück.

'Es macht Sinn, da etwas hineinzustecken' ging ihr nicht aus dem Sinn.

Feigling gab alles. Sie tat es zwar nicht bewusst, doch sie konnte nicht anders als Wassermolekül, als ihre erworbenen Informationen an den Mann beziehungsweise an die Frau zu bringen.

Sie schwelgte ungebrochen in der Zuversicht, in Kürze bei Träumling zu sein. Sie legte sich schon die Geschichte parat, wie sie von einstiger Angst vor dem Aus zur Glückseligkeit kam.

Alles wollte sie ihm erzählen.

Annabell blieb hilflos im Raum stehen, die Henkel des Beutels hatten bereits acht Knoten gesehen.

„Kann ich was für Dich tun?“, wiederholte sie leise ihre Eröffnungsfrage.

Arthur flegelte sich auf seinem Bett.

„Mir ein warmes Hühnerbrust-Sandwich und ein kühles Bier bringen.“, flachste er, wohlwissend, dass alle Essenszugänge derzeit geschlossen waren. Um diese Uhrzeit gab es lediglich ein Kuchenbuffet.

Annabell stand auf, legte ihren schweren Beutel vor seine Balkontür und verließ die Kabine.

Mit offenem Mund sah er ihr nach.

Doch er hatte jetzt, was er wollte, Zeit und Ruhe, sich endlich wieder seinen eigenen Angelegenheiten zu zuwenden.

Sie hatten immer noch kein Netz.

Er müsste noch warten, bis sie näher an Ibiza dran sind. Er kam sich albern vor, diesem Traum nachzugehen, und dieser Verbindung zwischen Clara, Erik und Ibiza Gewicht zu verleihen, es war doch nur ein Traum! Und nur, weil der kleine Mistkerl diese Insel kurz vor seinem Abgang erwähnt hatte. Grotesk! Dann müsste er dort seit etwa fünfzehn Jahren leben. Das Schwein! Mit sonnengegerbten Lachfalten, nein, fahlem Gesicht, vom spröden Winter, genau!

Arthur konnte sich von dieser abstrusen Idee nicht mehr befreien. Ich bin ein rational denkender Mensch! Er checkte das Handy auf Empfang, nichts. Er versuchte es von seinem Balkon aus mit ausgestrecktem Arm. Alles, was er bekam, waren Regentropfen, die immer dicker wurden. Sie fuhren gerade in eine schwarze Wand hinein, der Wind frischte mit einem Mal auf und es wurde richtig kalt. Er zog sich zurück und schloss die Balkontür. Nicht lange und sie war eine Wasserwand.

Kläglich inspizierte er seine Kabine nach Ablenkung. Sein Blick traf das Buch. Mit einem tiefen Seufzer nahm er es auf, machte es sich auf dem Bett bequem, und suchte die Stelle, an der er das letzte Mal aufgehört hatte... „Die Hoffnung stirbt zuletzt." Na, wenn das kein Zufall ist!

Er musste wieder an Clara denken, warum hatte sie ihm dieses Buch in den Briefkasten geworfen? Gegen Magenschmerzen?! Er las, schlief ein, träumte, las wieder, tagträumte und der graue Nachmittag verging.

Ich gab alles. Ich tat es zwar nicht bewusst, doch

ich konnte nicht anders als Wassermolekül, als meine erworbenen Informationen an den Mann zu geben.

Ich schwelgte ungebrochen in der Zuversicht, in Kürze bei Feigling zu sein. Ich legte mir schon die Geschichte parat, wie ich von Teilung über Polarität, Entscheidung, Vertrauen zur Vereinigung kam.

Alles wollte ich ihr erzählen.

Arthurs Sehnsucht nach der Wiedervereinigung mit Clara als auch mit Erik war unübertroffen groß.

Er musste Licht anmachen, da die dunkle Wand sich eine ganze Weile über das Schiff ergossen hatte.

Plötzlich fuhr er auf. Es war dunkel geworden aufgrund der Regenwolke, doch mittlerweile geblieben wegen Abend! Gehetzt sah er auf die Uhr. Kurz nach acht! Wie kurz?

Noch genau 10 Minuten bis zum Gurkenglas.

Wo war Annabell?

Immer noch kein Handynetz!

Aufgeregt rannte er zur Tür und blickte den Gang hinunter. Nur ein paar rausgeputzte Frauen verließen gerade ihre Kabinen, um auf hochhackigen Schuhen gen Abendbuffet zu staken. Sein Hunger überfiel ihn. Auch das noch! Er fluchte vor sich hin, schloss die Türe wieder und starrte auf den Einkaufsbeutel.

20:09 Uhr.

Sollte er sie ausrufen lassen?

Die kleine Annabell, pummelig, in blauem Hängerchen, geschätzt Anfang sechzig, bitte zum Informationsstand. Da würde sie auch nicht hinfinden, und schon gar nicht in wenigen Minuten.

Womit würde er weniger Ärger einfangen, wenn er selbst das Glas warf, oder wenn er es nicht tat?

20:17 Uhr traf er die Entscheidung.

Er angelte das Glas aus dem Beutel und öffnete die triefende Balkontür, der tropische Platzregen hatte sich in leichtes Nieseln verwandelt. Er stellte sich mit dem Glas an das Geländer, schaute nach unten, links, rechts, ob da irgendjemand seinen Kopf hinausstreckte, alles leer, dank des Regens, und schmiss das Glas so weit er nur konnte von sich. Mit den Augen verfolgte er das Aufklatschen auf der Wasseroberfläche, hören konnte er es nicht. Das Glas blieb nur kurz in Sicht, dann war es verschwunden. Untergegangen? Von Wellen weg gedrängt? Nichts war mehr zu erkennen.

Er würde ihr sagen, es ist wie ein Stein zu Boden gegangen. Tat vollbracht. Jetzt essen, endlich!

Es klopfte. Annabell stand wie ein begossener Pudel vor seiner Tür.

„Zu spät meine Liebe, Sie sind zu spät. Der Film ist vorüber, wir schließen jetzt!"

„Arthur!"

Er nahm intensiven Alkoholgeruch wahr und steckte die Nase an ihr vorbei, um in den Gang zu schnüffeln.

„Arthur!"

Sie war das!

„Annabell! Wo warst Du? Gab es ein Cocktail-Mix-Seminar?"

„Wie späd isses?"

„Zu spät! Ich habe es getan, um 20:18 Uhr, Du warst ja nicht da! Gesunken wie ein Stein. Mission erfolgreich erledigt!“

Sie wankte an ihm vorbei, drückte ihm dabei ein Paket in die Hand und lehnte sich, Gesicht voran, an seine Balkontür.

Arthur entdeckte im Paket ein warmes Bier und ein kaltes Hühnerbrust-Sandwich. Er stellte das Bier in seine Minibar und biss herzhaft ins Sandwich.

„Du bist zu spät. Auf der ganzen Linie.“, sagte er kauend.

„Fillilipinos feierden Burstag inner Küche.“, hauchte sie erschöpft gegen die Scheibe.

Die Frau ist nicht zu retten, dachte Arthur und ging ins Bad, um ihr dort eine Aspirin aufzulösen. Dann manövrierte er sie in den Schreibtischstuhl und flößte ihr die Flüssigkeit ein, während sie ihm nuschelnd ihre Abenteuer erzählte, von unfreundlichen Stewards über Türen, die plötzlich Alarm auslösten, bis zu einladenden Philippinos, die ihr in Feierstimmung das Paket schnürten. Daraufhin gab es abermals diverse unverschämte Stewards, eine Türe, die sie nach draußen in den Regen sog und schließlich ihre persönliche Reiseleiterin, die sie bis zu seiner Kabinentür brachte und danach weg gerannt war.

Annabell schnäuzte sich umständlich aber ergiebig. Er überlegte, ob er sie zu ihrer Kabine brachte und hatte den weiten Weg vor Augen. Transportunfähig, diagnostizierte er missmutig und schleifte sie auf sein Bett.

Ob mittlerweile ein Handynetz aktiv war? In gut zwei Stunden konnte man von Bord gehen, für eine Nacht und einen Tag. Er würde es später probieren, jetzt erstmal etwas Warmes essen und in Ruhe sich einen Text überlegen, der für Clara geruchslos war. Vielleicht in etwa so: 'ich habe gerade einen Menschen über Bord geworfen'.

Er machte sich auf zum Abendbuffet, das Texten ging er später an. Die ersten Lichter von Ibiza flimmerten steuerbord vorbei.

Das Handynetz war aktiv. Es klingelte, neben Annabells Ohr. Es dröhnte, in Annabells Ohr. Sie döste ermattet und ließ sich das Klingeln durch den Kopf gehen.

Es hörte auf, doch nun war sie wach. Sie hatte sich das zweite Mal in ihrem Leben, und das binnen drei Tagen, betrunken, und zwar ordentlich. Vielleicht war es die ungewohnte Vogelfreiheit. Oder die Angst vor dem tatsächlichen Aus.

Schritt für Schritt war sie vorgegangen. Die erste Urne, die zweite, das Glas, der Bus, der Zug, der Flug, das Schiff, die Koordinaten, der Zeitpunkt. Es war vollbracht.

Beim nächsten Schritt ist sie dran. Sie war hellwach. Sie beruhigte sich, dass doch noch ein paar Schritte dazwischen lagen, Tabletten sammeln.

Was beruhigte sie eigentlich daran? Zeit mit Arthur? Wo war er? Sie spürte Sehnsucht nach ihm. Ihre innere Stimme sang kläglich seinen Namen. Konnte die innere Stimme auch besoffen sein?

Es klingelte wieder.

Annabell brauchte etwas Zeit, um die Ursache zu orten und noch mehr, sie zu begreifen. Das musste Arthur sein, er will mich wecken, damit ich mich frisch mache für´s

Abendessen. Sie ging ran.

„Hallo Arthur.“, säuselte sie.

„Hallo? Wer spricht da?“, kam die verdutzte Retour einer Frauenstimme.

„Annabell. Wo ist Arthur?“

„Das wollte ich gerade Sie fragen.“ Die Frauenstimme klang besorgt.

„Er is weg, ich liege in seim Bett unner is weg!“, lamentierte Annabell der Sprache noch nicht ganz Herr.

„Klassiker! Trösten Sie sich, da sind Sie in bester Gesellschaft!“

„Nein, ich binallein! Und dann bring ich michum!“, winselte Annabell.

„Glauben Sie mir, das ist er nicht wert. Ich rufe später nochmal an. Wiederhö..“

„Nein, nicht auflegen, bittenicht.“, flehte Annabell.

„Ich muss ihm doch ausrichten, wer angerufen hat. Sonst gibt er mir kein Geld, aber die Kinder haben Hunger!“

„Sie sind ja blau! Aber meinetwegen, sagen Sie ihm, Clara hat angerufen, C-l-a-r-a. Haben Sie das? Es ist aber nichts wichtiges.“

„Sie sind seine Freundin?“, fragte Annabell leise.

„Eine Freundin.“

„Die mit dem erfrorenen Wagon?“

„Bitte?“

„Na die mit dem, der da erfroren ist, als er im warmen Wagon war.“

„Hm, ja, das stimmt, genau die. Er unterhält sich mit Ihnen, na da gratuliere ich!“

„Oh ja, wir haben schon `ne Menge geplaudert!“

Annabell fühlte sich geehrt. Sie musste etwas Besonderes sein für Arthur, das hatte sie schon die ganze Zeit gemerkt, er unterhielt sich mit ihr!

„Wir haben schon über alles Mögliche geredet. Und er hilft mir, erst vorhin hat er meinen Mann versenkt!“

„Geht es Ihnen gut?“

„Mir geht es blendend, er redet nämlich mit MIR! Über seine Familie..“

„Über seine Familie?“

„Ja, über seine tote Schwester, die er vermisst, seinen verschollenen Bruder, den er sucht..“

„Er sucht seinen Bruder?“

„Natürlich, er heult jedes Mal, wenn er von ihm spricht.“

„Warum hat er das nie gesagt?“

„Hat er doch, MIR!“

„Wer sind Sie?“

„Annabell.“

„Das sagten Sie schon, aber.. Aber, sagen Sie, wie alt sind Sie?“

„Noch keine Sechzig!“

Ein erlöstes Schnaufen kam durch den Hörer.

„Annabell, würden Sie ihm bitte ausrichten, mich zurückzurufen. Jetzt ist es wichtig. Können Sie das?“

„Ja, warum?“

„Weil seine Putzfrau genau weiß, wo sein Bruder ist. Und das würde ich ihm gerne sagen. Wo sind Sie eigentlich?“

„In seinem Bett.“

„Und wo steht sein Bett?“

„In seiner Kabine.“

„Und??“

„Wir waren gerade ein-ein-halb Seemeilen nord-nordost vor Ibiza.“

„Danke Annabell. Er soll mich anrufen! Unbedingt!“

Annabell horchte noch eine Weile, sah dann auf das Display, alles dunkel. Es wurde schwarz um sie.

Arthur stürmte mit vollem Bauch zurück in seine Kabine.

„Annabell! Jetzt habe ich endlich die weltunverfänglichsten Worte gefunden! Wo ist mein Handy!“

Annabell schreckte hoch.

„Was?“

„Ich mache jetzt einen sehr wichtigen Anruf. Du hattest gesagt, ich soll ihn suchen. Und das tue ich jetzt!“

Annabell rieb sich den Kopf und brubbelte: „Du sollst Clara anrufen, Deine Putzfrau weiß, wo Erik ist.“

Sie ließ ihn fassungslos stehen und schob sich wankend an ihm vorbei in sein Bad.

Feigling hatte sich mit der Zeit an das Geschiebe und Gedränge gewöhnt, das um sie herrschte.

Sie hatte sich ihrer kleinen Welt hingegeben, in Dunkelheit und Flüssigkeit mich, Träumling, zu fühlen, mal näher, mal ferner.

Doch auf einmal wurde dieses Treiben von rhythmischem Würgen unterbrochen. Stück um Stück ging es nach oben und sie wunderte sich nicht schlecht, als sie

plötzlich Licht wahrnahm.

Annabell hatte sich über die Toilettenschüssel gebeugt und erbrach sich hemmungslos.

44
Jetzt aber!

Feigling hörte in ihren Kernen den Alten sprechen 'schau' Feigling, es geht nicht immer nur bergab ins Dunkel, Zeiten ändern sich.'

Stimmt! Und wie schnell!

Mit ihren Nachbarn, viele von ihnen schienen stark alkoholisiert, flog sie mit einem letzten Schubser im hohen Bogen durch die Luft.

Der Flug war kurz und sie landete unsanft auf weißer, glatter Oberfläche, ganz neue H_2Os auseinander stoßend.

Bevor man sich gegenseitig bekannt machen konnte, krachte ein weiterer Schwall H_2Os auf sie alle ein und riss sie in die Tiefe.

Abwärts ins Dunkel.

Na bitte, sie lächelte den Alten vor ihrem inneren Auge zu. Auch ich behalte manchmal Recht.

Annabell hatte brav die Spülung betätigt.

Doch die Reise war längst nicht vorbei.

Mit gleichmäßiger Geschwindigkeit ging es weiter, immer dunkel, stets abwärts. Sie wurden langsamer und badeten schließlich in einem Zirkus von Molekülen fremdester Herkunft in einem riesigen Pool.

Die Abwässer landeten in den Auffangbecken des großen Schiffes.

Ich selbst war mal wieder fern. Doch auch das sollte sich ändern.

Arthur war stehenden Fußes klitschnass geschwitzt. Er hatte Clara am Telefon gehabt, und Erik quasi vor der Nase, die Lichter von Ibiza-Stadt strahlten ihm entgegen.

Seine Stirn glitzerte vor Schweiß.

Ich war bereits viele Verbindungen eingegangen, nur nicht mit Feigling.

Diese stand bevor, da war ich mir völlig sicher. Zumal nach viel Gezerre und Gedränge ich Richtung Licht driftete und das vereint mit Salz.

Mit Feigling zurück im Meer, meine Kerne jodelten. Das Licht wurde greller und ich nahm Luft war.

Arthur hatte Annabell aus dem Bad gescheucht und glitt unter die Dusche. Er ließ das Wasser eine ganze Zeit lang an sich herunterperlen, es beruhigte ein wenig.

Ich wollte mich gerade mit anderen Sauerstoffatomen verabreden und in die Höhe schwingen, da trafen Massen von H_2Os ein, die mich mit in die Tiefe rissen.

Nach ein paar spiralförmigen Umdrehungen ging es in dunklen Röhren abwärts.

Es war eine Fracht wie auf einem Bus in Indien, farbenfroh, fremd, verschiedenste Gerüche und Nationalitäten.

Die Endstation des Busses war ein riesiger Pool.

Und irgendwo da drin paddelte Feigling, das spürte ich.

38
Josep kennt Eriks Strandbar

„Anders herum!“, fuhr Arthur sie an.

„Wie, anders herum!“, fuhr Annabell zurück.

„Du hältst sie falsch herum. Norden ist oben. Du kannst doch sonst nicht die Orte lesen!“

„Wie hieß das nochmal?“, wollte sie wissen, während sie die Straßenkarte umdrehte.

„Es ist im Nord-Osten und heißt S`Aigo Blanca. Wir müssten nicht mehr weit weg sein.“

An Arthurs Schläfen rannen die Schweißperlen herab. Sie zuckelten seit einer dreiviertel Stunde über die staubigen Pisten von Ibiza.

Nachdem er in der Nacht kein Auge zu bekommen hatte, hatte er als erster in der Schlange vor der Autovermietung gestanden. Dann bretterte er mit einem Seat zurück zum Schiff und holte Annabell hupend ab. Sie wollte und sollte mit.

„Wirst Du ihn wiedererkennen?“ Annabell war gelassen. So ruhig und entspannt kannte sie sich selbst nicht.

„Keine Ahnung!"

„Weiß er, dass Du kommst?"

„Nur, wenn ihn einer angerufen hat."

„Woher kennt denn diese Esmeralda Deinen Erik?"

„Was weiß denn ich!"

„Du hattest doch gestern mit.."

„Nein! Clara hat mir gar nichts gesagt außer Esmeralda Esmeralda! Und die war nicht da! Immerhin ging ein alter Mann an ihr Handy und der hat bei dem Namen Erik mir dieses S`Aigo Blanca genannt. Offensichtlich weiß halb Spanien, wo sich mein Bruder rumtreibt. Aber ich werde gleich alles aus ihm heraus prügeln."

Sie standen an der letzten Kreuzung vor der Küste, doch weit und breit kein Ortsname. Nur ein Schild, dass zu einem FKK-Strand wies. Er bog ein. Annabell sah ihn streng an.

„Du willst Dich nackt prügeln?"

„Lass mich in Ruhe! Denk lieber mit, wo wir lang müssen! Oh nein, schon wieder eine Abzweigung!"

Er hielt an, ließ den Motor aufheulen und wischte sich den Schweiß von der Stirn.

„Bleib auf dem rechten Pfad, Arthur.", bat ihn Annabell.

Er bog rechts ein und die Schlaglöcher wurden tiefer.

„Das führt doch zu gar nichts! Wir hätten links abbiegen sollen, was hör` ich auch auf Dich!"

„Da, ein Haus!", rief Annabell.

Sie fuhren auf einen engen Hof, es war eine Sackgasse, wenden unmöglich. Arthur hatte den Motor noch nicht abgestellt, doch Annabell schwang sich schon raus und schlappte mit ihren Strass-Flipflops zum Eingang hinüber.

Es schien ein kleines Restaurant mit Übernachtungszimmern zu sein. Weit und breit keine Menschenseele zu sehen. Er ließ den Motor weiter laufen und beobachtete sie, wie sie vehement an die Tür pochte. Sein Herz pochte lauter.

Es kam ein älterer Spanier in weißer Schürze heraus und beide fingen an, mit Hand und Fuß herumzufuchteln. Schließlich sah er, wie Annabell einen Fuß hob und der Spanier ihr den Flipflop vom Fuß streifte. Nach weiteren undefinierbaren Handbewegungen fiel auch der zweite Schlappen in spanische Hände. Dieser Schürzenträger umarmte sie, richtig fest. Und lange. Etwas zu lange.

Arthur drückte auf`s Standgas.

Der Spanier verschwand, doch Annabell rührte sich nicht von der Stelle.

Arthur kochte.

Sie drehte sich zu ihm um, winkte, doch bevor er ihr sehr eindeutige Zeichen machen konnte, richtete sie ihren Blick dem Haus zu. Nach gefühlten fünf Stunden erschien der Spanier wieder und überreichte Annabell ein paar Schuhe. Schon wieder eine saftige Umarmung! Sie zog die Schuhe an und kam mit roten Wangen zurück zum Auto geschlendert.

„Wir dürfen hier parken!" sagte sie triumphierend.

Arthur verschluckte sich an unzähligen feindseligen Kommentaren und japste:

„Ist Erik hier?"

Annabell zuckte mit den Schultern. Seit langem juckte

ihr Ohr wieder.

„Das war Josep. Er brauchte dringend ein Geschenk für seine Nichte, und da haben wir..“

„Verschone mich! Weiß er was von Erik?“

Das Jucken weitete sich um ihren Kopf herum aus. Sie blickte zu Boden und berichtete:

„Diese S`Aigo Blanca müsste dort unten sein und es gäbe einen Fußweg den Hang hinunter.“

Arthur stellte den Motor ab. Wütend stieg er aus und knallte die Tür zu.

„Wo lang?“, fragte er schroff.

Sie deutete in die Richtung, die ihr Josep angezeigt hatte. Nachdem Arthur ein paar Mal hektisch hin und her gerannt war, fand er einen Einstieg, der nicht mehr war, als ein zu gewucherter Trampelpfad. Steinig, staubig, von vertrockneten Sträuchern umrankt, ging es steil bergab. Arthur galoppierte fast. Annabell war froh, ihre Schlappen mit, wenn auch alten, ausgeleierten, zu großen Turnschuhen getauscht zu haben.

Nach ein paar engen Kehren ließen die Sträucher den Blick frei über eine kleine aber feine Sandbucht. Klarstes Blau schimmerte ihnen entgegen.

Arthur sprang von Stein zu Stein und verfehlte den nächsten großen Brocken mit seinem Fuß, erwischte ihn aber noch mit dem Oberarm. Er schrie kurz auf, was Annabell den Weg wies und sie fand ihn fluchend im Staub sitzen, seine Schulter reibend. Sie setzte sich neben ihn und befühlte seinen Arm, er wedelte sie weg wie eine lästige Fliege.

„Alles nur wegen diesem Mistkerl!“, raunte er.

„Arthur, wenn Erik dort unten ist, dann ist er dort, ob Du nun rennst oder schleichst. Beruhige Dich. Wir gehen da jetzt gemeinsam hinunter und trinken einen Kaffee. Alles andere wird sich zeigen. Wie Du siehst, kann man nichts beschleunigen."

Arthur ging das Sprichwort durch den Kopf, mit welchem Clara ihn hin und wieder geneckt hatte: 'Gras wächst nicht schneller, wenn man dran zieht.' Wie er diesen Spruch hasste. Für seine IT-Welt war es Gift.

Wo war seine alte Welt? Er saß hier im Dreck, hatte sich vermutlich den Oberarm gestaucht und wurde von einer ziemlich schrägen Frau zugeblubbert, deren Mann er versenkt hatte. Er bekam Lust, seinen Arzt zu verklagen, der ihn letztlich wegen profaner Magenschmerzen hierher geschickt hatte! Und jetzt kam sie mit 'beruhige Dich'!

Das glitzernde Wasser der Bucht spiegelte ihm die grelle Sonne in die Augen.

„Deine Sturheit verblendet Dich, lässt Dich straucheln, aber.." Annabell suchte in mütterlichem Ton, was sie ihm noch Beruhigendes sagen könnte.

„Die Sonne hat mich geblendet, sonst nichts!", war die Antwort des trotzigen Kindes.

Er riss sich zusammen und stand auf. Sie klopfte ihm den gröbsten Staub von der Kleidung, während er wieder Fliegen verjagte.

„Ich gehe jetzt vor und basta!", sagte sie energisch, Mütter konnten auch anders.

Er gehorchte widerwillig und schritt vorsichtig, seine Schulter haltend, hinter ihr her.

Nach einer Viertelstunde schweißtreibenden Abstiegs,

in der Schlucht stand die Luft, gelangten sie schließlich zum Strand. Etwa ein Dutzend Nackte aalten sich auf ihren Handtüchern.

Arthur war abgelenkt. Eine leichte Brise ließ sie aufatmen und Annabell genoss den Ausblick, Arthur blieb abgelenkt. Eine nette Brünette ließ sich von der ersten Welle umspülen.

An einer Felswand zu ihrer linken klebte eine rustikale Bar aus Holz, mit einem Strohdach, eingerahmt von Aloe Vera Pflanzen. Aufgrund der gleißenden Sonne war nur ein dunkler Schatten hinter dem Tresen auszumachen.

Annabell kniff kurz in Arthurs angeschlagenen Oberarm und er starrte gen Bar. Er stolperte in den Sand, doch Annabell hielt ihn zurück, wieder am linken Oberarm, wieder gab es Fliegen zu vertreiben.

„Ich gehe voran und bestelle uns zwei Kaffee. Du entspannst Dich."

Sie blickte zur Brünetten und war ihr fast dankbar für die Ablenkung.

Arthur dachte, dass Kaffee doch gar nicht entspanne und dieser FKK-Strand sicher Eriks Idee war, schließlich war er ja vom gleichen Stamm, Erik! Er war froh, Annabell als Puffer dabei zu haben. Damit ich ihn nicht umbringen kann, schlingerten seine Gedanken umher. Seine Augen waren nun pfeilgerade auf den Schatten in der Bar gerichtet.

Annabell kam dort an, hangelte sich auf einen Barhocker und sprach, diesmal ohne Hand und Fuß. Man sprach also deutsch. Der Schatten bewegte sich, wohl Richtung Kaffeemaschine und das entlarvte diesen.

Arthur erkannte ihn an der Bewegung wieder.

Er war wie gelähmt, selbst seine Atmung setzte aus.

Der Schatten stellte eine Tasse Annabell vor die Nase und eine andere auf ein Tablett. Mit diesem in der Hand trat die dunkle Gestalt aus der Überdachung heraus und kam direkt auf ihn zu. Arthur litt unter Sauerstoffmangel.

Er war es.

Erik!

Von der Sonne beschienen, in luftiger Kleidung schwebte dieser barfuß durch den Sand. In einer Hand das Tablett. Und dann stand er vor ihm. Keine Achtzehn mehr, definitiv.

„Der Service an den Strand kostet extra.“, sagte dieser ungemein gut aussehende, gereifte Kellner in freundlich melodischem und mit Ironie garniertem Ton.

Arthur hörte seine eigene Stimme widerhallen. Er nahm seine rechte Hand vom sicherlich noch schmerzenden linken Oberarm und griff nach der Tasse. Er hätte gleichermaßen Lust gehabt, das heiße Gebräu in Eriks Gesicht zu schütten, als auch es begierig hinunter zustürzen. Er nippte. Es schmeckte.

„Hallo Erik!“

Er legte dabei so viel Souveränität in seine Worte, wie er nur konnte. Es gelang. Er traf den Ton eines großen Bruders. Er hatte sich gefangen.

Als er an Erik vorbei stapfte Richtung Bar, sagte er noch genauso kühl:

“Dann nehme ich den Kaffee an der Bar ein.“

Dort hatte sich inzwischen ein junger Mann eingefunden, der sich daran machte, den Ofen anzuschüren und

Fleisch aufzutauen. Arthur stellte seinen Kaffee neben Annabells und erklomm einen zweiten Barhocker. Der junge Mann sah kurz auf und widmete sich wieder seinen Küchengerätschaften.

Das war Erik! Mit Achtzehn! Nein, vielleicht Anfang Zwanzig!

Verwirrung zog in Arthurs Kopf ein. Der alte Erik war inzwischen wieder hinter seinem Tresen angekommen.

„Darf ich vorstellen? Pablo, mein Sohn.“, erklärte er.

Annabell stellte ihre Tasse gerade ab und winkte dem jungen Mann kurz zu.

„Hallo Pablo. Ich bin Annabell. Und das hier,“, sie klopfte Arthur auf seine lädierte Schulter, so dass er gleich doppelt zusammensackte,

„ist Arthur, Dein Onkel.“

Pablo nickte ihnen zu und die Neuigkeit ab, als hätte man ihn gefragt, ob er einem Hund eine Schüssel Wasser hinstellen könne.

Arthur hatte die Grenze seiner Souveränität erreicht und war im Begriff, sich von einer Klippe zu stürzen.

Pablo drehte sich zu seinem Vater um und fragte ihn mit spanischen Akzent:

„Hat Mama das Gemüse schon mitgebracht?“

„Ja, es liegt dort hinten, unter dem Tuch. Lolita wird sich sicher gleich zu uns gesellen.“ war Eriks Antwort.

Lolita?

Arthur lief es trotz Hitze eiskalt den Rücken herunter. Die Lolita? Er sah seinen Bruder mit weit aufgerissenen Augen an. Der zog die Augenbrauen samt Schultern hoch und nickte bedächtig.

„Das ist nicht Dein Ernst!“, fand Arthur seine Stimme wieder.

„Damals in der Badewanne?“

„Nein, aber kurz danach.“ Eriks gute Laune war verflogen, er klang zerknirscht.

„Du warst gerade mal fünfzehn!“

„Und schon potent.“

„Und dann?“, mischte sich Annabell ein.

Erik trat um den Tresen herum, seinen Sohn freie Bahn gewährend und sie an ein Ende der Theke führend. Er holte tief Luft und weit aus.

Lolita hatte ihn verführt. Das Geld für eine Abtreibung hatte keiner von beiden, er wusste nicht einmal, was das war. Als der Bauch dicker wurde, brach sie ihr AuPair-Dasein ab und ging zurück zu ihren Eltern. Diesen erzählte sie, er sei Schuld, woraufhin sie sich bei seinen Eltern mit Forderungen meldeten.

Seine Mutter schnaubte dreimal juristisch aus und der Fall war erledigt. Ihm wurde eingetrichtert, nie auch nur ein Sterbenswörtchen jemandem davon zu erzählen.

Er tat sich schwer, sehr schwer, ihm, Arthur gegenüber, doch wusste er ohnehin nicht, was da eigentlich wirklich passiert war, um es in Worte kleiden zu können. Viel kindliche Einfalt und Ablenkung half, doch als es wegen Madame Butterfly zum Bruch kam, war es einfach zu gehen.

Was hielt ihn noch?

Und die Neugier auf sein Kind wurde immer mächtiger. Lolita hatte inzwischen einen Vierjährigen zu ernähren, wohnte in einer heruntergekommenen WG in Ibiza-Stadt und kellnerte halbtags. Dort zog er ein. Er brachte die Wohnung auf Vordermann und kümmerte sich um Pablo, auf deutsch.

Langsam näherten sich er und Lolita wirklich an. Sie war und blieb eine Sexbesessene, doch sie war auch stark, geduldig, und hatte das Herz auf dem rechten Fleck. Und sie sah hinreißend aus, eine richtige Frau.

Er stieg vom Freikarten-Verteiler für Clubs auf zum Strandliegen-Vermieter bis Esmeraldas Vater jemanden suchte, der diese Bar in seinem Sinne fortführe.

„Esmeralda!" unterbrach Arthur Eriks Ausführungen.

„Und der habe ich vertraut!" Arthur schlug sich an die Stirn.

„Der kannst Du auch vertrauen. Esmeralda ist eine alte Bekannte aus Lolitas Dorf, die früher vom Festland aus dort ihre Sommer verbrachte. Als sie mich mal fragte, ob ich für sie nicht eine Chance in Deutschland sähe, ohne Ausbildung, kamst Du mir in den Sinn. Würdest Du sie nehmen, wüsste ich immer, wie es Dir geht. Denn nimm es mir ab oder lass es, Du warst und bist mir wichtig."

Arthur lachte hohl. Dann überlegte er.

„Woher wusstest Du, dass ich eine Putzfrau suchte?"

„Ich kenne Deinen Sauberkeitswahn, wie auch Deine Faulheit. Und als mir Clara.."

„Ja, was ist mit Clara?!", forderte Arthur.

„Du hattest doch mit ihr telefoniert. Die kennst Du doch." warf Annabell ein.

Arthur verscheuchte wieder Fliegen.

„Weiter, Erik!"

„Clara hatte ich noch kennengelernt, bevor ich wegging."

„Du Schwein hattest was mit ihr?"

„Nein, Arthur, Du hattest was mit ihr. Und daher kenne ich sie. Wir waren zwei, dreimal zu dritt abends weggegangen, weißt Du das nicht mehr? Und an einem dieser Abende erzählte ich Euch von Ibiza, keine Details, aber, dass ich dorthin gehen wolle. Woraufhin ich ihr versprechen musste, ihr meine Adresse zu schicken, sobald ich eine hätte. Sie sagte, da könntet Ihr mich ja mal besuchen."

„Und? Hast Du ihr Deine Adresse gegeben?"

„Ja, aber auch gesagt, dass in der WG keinerlei Platz für Gäste war. Aber da wart Ihr sowieso schon wieder auseinander. Wir schrieben uns sporadisch die eine oder andere E-mail über die Jahre. Von ihr erfuhr ich, dass Du in eine ganz dicke Wohnung gezogen wärst. Da habe ich nur eins und eins zusammengezählt."

Annabell bestellte bei Pablo einen Sex on the Beach und sagte wie beiläufig:

„Und ich habe, soweit ich mich erinnere, als ich Clara am Telefon hatte, ihr gesagt, dass Du Deinen Bruder suchst."

Arthur wurde leicht rot unter seiner Schweißkruste.

Erik horchte auf.

„Du hast mich gesucht?"

„Hat er! Und er hat geheult dabei!"

Annabell nahm strahlend ihren Drink entgegen, obgleich sie von Arthur wieder für eine Fliege gehalten wurde, diesmal für einen sehr dicken Brummer.

„Ich dachte, ich wäre Dir egal, wie unseren Eltern.", sagte Erik mit zittrigem Fragezeichen.

„Er war nur zu stolz, über seinen Schatten zu springen. Denn er dachte, Du wolltest nichts mehr von ihm wissen.“

Sie zog geräuschvoll an ihrem Strohhalm.

„Ihr seid beide blöd!“

Sie sah die beiden an wie ein Kind, das seinen Eltern eins ausgewischt hatte.

„Pablo, mach bitte nochmal zwei von denen da.“, orderte Erik und zeigte auf Annabells Drink.

In Arthur wühlte es.

Erst warf er Annabell einen Todes verachtenden Blick zu, dann Erik.

Dann kam die Brünette.

Sie war lediglich in eine Vision von Tuch gehüllt, gab Pablo links, rechts, links ein Küsschen und sagte mit Akzent:

„Liebe Gruße fur alle von Esmeralda.“

Sie goss sich einen Kaffee ein und gesellte sich zu ihnen, wobei eine Brust den Weg über Arthurs Tasse machte.

Sie umarmte jeden herzlich, musterte ausgiebig Arthur und Annabell und gab beiden einen feuchten Kuss auf die Stirn. Erik bekam ihn auf den Mund. Sie lehnte sich an ihn, lächelte mit beneidenswert weißen Zähnen in die Runde und sagte zu Arthur gewandt:

„Hast Du auch eine Altere geschnappt!“

Sie lachte, und ganz langsam schmolz nicht nur das Eis in ihren Gläsern.

45
Der Schiffsabwassertank war voll

Der Pool war mit unzähligen verschiedenen Molekülen angereichert, dass die Wasserstoffbrücken der H_2Os immer wieder durchbrochen wurden.

Es war schwer, in diesem Tumult voranzukommen, für Feigling, wie für mich.

So nah allerdings waren wir uns schon so lange nicht mehr gewesen.

Feigling war, als würde sie meine Protonen schwirren hören.

Meine Elektronen überschlugen sich regelrecht bei

jedem Pulsschlag, den ich von Feigling wahrnahm.

Konnte es wirklich und möglich sein, dass wir uns gleich wieder Kern an Kern reiben durften? Nach all den Jahren?

Feigling durchschossen Zweifel, denn dann hätte der Alte Recht gehabt, nach Glück kommt wieder Glück. Sie hatte ihm geglaubt, doch jetzt, so kurz davor, verließen sie alle guten Vorsätze.

Es wäre einfach unmöglich!

Mir entfloh mein Vertrauen, denn es wäre zu bizarr, tatsächlich Feigling ausgerechnet hier wieder zutreffen, das passte noch nicht einmal in einen Traum.

Doch wir hatten uns schon die letzten Tage so intensiv gespürt, dass es gleich vollbracht sein musste, unsere ersehnte Wiedervereinigung stand bevor.

Doch keiner von uns beiden schaffte es gänzlich, diesem Gefühl zu trauen.

Zu schön, um wahr zu sein.

Keine zehn Zentimeter fehlten, doch durch einen erneuten Schwall von oben verfehlten wir uns. Wieder kämpften wir uns durch dicke Grütze. Wieder traf zwischen uns ein Schwall durchgerüttelter Moleküle ein.

Es war, als stünden wir an den gegenüberliegenden Seiten einer Straße, winkten uns schon zu, und jedes Mal, wenn wir die Straße überqueren wollten, kam ein

weiterer Bus an, aus Indien, aus Guatemala, aus Schottland und wer weiß woher. Sie spuckten ihre Passagiere aus, so dass Feigling und ich uns immer wieder aus den Augen verloren.

Einige Stunden später, viele Meter weiter auseinander, entleerte sich die überfüllte 'Busstation' ins Meer.

Feigling wurde mit einer kraftvollen Strömung tief nach unten gerissen.

Ich haftete einer Menge klebriger Businsassen an, mit welchen ich weit gen Oberfläche geschleudert wurde.

Langsam verloren wir das Gespür füreinander.

39
Annabell wieder zu Hause

Sie kam nicht über das zweite Kapitel hinaus. Die Vokabeln blieben einfach nicht haften. War sie zu alt?

Annabell strich versonnen über die graustichigen Gänseblümchen. Von draußen prasselte Regen an die Scheibe. Sie hatte die Vorhänge zugezogen, eine kleine Stehlampe verströmte ihr klägliches Licht. Deutschland hatte sie wieder.

Ein zerfleddertes 'Spanisch in 30 Tagen' Lehrbuch lag vor ihr, seit drei Tagen auf Seite zehn aufgeschlagen, Seite acht und neun fehlten. Erik hatte es ihr augenzwinkernd zugesteckt, kurz bevor sie in ihren Seat geklettert waren. Unter dem Scheibenwischer steckte ein Zettel mit einer Telefonnummer und 'Josep'. Wie sollte man telefonieren? Das alles hatte kein Hand und Fuß!

Sie öffnete die Küchentischschublade und zählte ihre gesammelten Tabletten. In zwei Wochen hätte sie genug zusammen. Noch zwei ellenlange Wochen.

Die letzte ging schnell vorbei, es hatte funktioniert, sie hatte funktioniert. Wäsche waschen, Blumen gießen, einkaufen, zum Beispiel Müsli, was keiner aß, Koffer entsorgen, das Päckchen der Nachbarin aushändigen zusammen mit einem vollen Gurkenglas als Entschuldigung, dass sie eine Woche darauf warten musste. Spanisch lernen. Wozu.

Der Brief an die Kinder war längst verfasst, kurz, knapp, sachlich. Sie wollte nur sicher gehen, dass niemand unnötig eines Mordes bezichtigt wurde.

Das Telefon schepperte sie aus ihren Gedanken. Sie

schlurfte in den Flur und nahm ab.

„Olá! Annabell?“

In ihren Tiefen hörte sich das nach Geplärr an und sie schnaubte ein 'ja' zurück.

„Hier ist Arthur, Dein Lieblingssteward! Wie geht es Dir, alte Rümpfnase? Gut heimgekommen?“

„Ja.“, ließ sie einen zweiten Schnauber raus.

„Du klingst erschreckend fröhlich. Hab` ich Dich gerade bei einem Schäferstündchen gestört oder lässt Dich Deine alte Umgebung tanzen?“

„Nein.“

„Alles klar bei Dir?“ Seine Stimme wurde ernster.

„Alles klar.“

„Dann entschuldige bitte, wenn ich gestört habe. Ich dachte nur, hey, wir hatten doch eine recht... recht, also recht viel Zeit miteinander und ich wollte mich nur mal gemeldet haben.“

„Ist gut.“

„Genau, alles ist gut!“, er lachte und hängte ein.

Arthur. Was wollte der denn. Sie bestimmt nicht. Das hatten sie geklärt und auch der guten Lolita erklärt. Was auch immer sie gegenseitig angezogen hatte, sie beließen es dabei, dass es einfach so war. Lolita tippte auf Seelenverwandtschaft, doch davon wollten sie beide nichts wissen.

Die letzten Tage an Bord des Kreuzfahrtschiffes hatten sie gemeinsam verbracht, eben, nur die Tage und sich über Belanglosigkeiten unterhalten. Meist hatte Arthur ihr von alten Zeiten mit Erik vorgeschwärmt, während sie immer schweigsamer wurde.

Am Flughafen, als sich ihre Wege trennten, hatten sie sich nochmal sehr lange und herzlich umarmt. Ja, sie war ihm dankbar für die Beiboot-Sache, da war wirklich etwas passiert. Auch seine Hilfestellung mit der Asche, das war gut. Und wahrscheinlich hatte sie sich in den letzten Jahren, Jahrzehnten, noch nie so lange und intensiv mit irgendjemandem unterhalten wie mit ihm.

Und jetzt? Jetzt war sie allein, und durch den Unterschied, den er ausgemacht hatte, fühlte sich das Allein einsamer denn je an. Toll, Arthur!

Sie hatte bereits vergessen, dass er angerufen hatte.

40
Claras Zeilen

Arthur drehte sich zu Clara um.

„Siehst Du, alles tip top..“, sagte er in seiner alten guten Laune. Er stand neben ihrem Telefon und sie reichte ihm ein Glas Wein.

Nachdem er zu Hause angekommen war, hatte er als erstes in seinen Briefkasten geschaut. Leere. Keine Werbung, keine Briefe, kein Buch. Der Fahrstuhl war immer noch oder schon wieder defekt, und er schleppte sein Gepäck zu Fuß hoch, im vierten Stock laut stöhnend. Er schloss auf, trat ein, hievte seinen Koffer über die Schwelle, schloss zu.

Stille. Seine Wohnung wirkte wie ein verstaubtes Schloss auf ihn. Riesig, leer und zugeschlossen. Diese Ruhe hatte er noch nie gehört. Er ging zum Couchtisch, dort waren ein paar Briefe säuberlich drapiert. Die wenigen Pflanzen sahen gut aus. Sie musste hier gewesen sein. Ohne Staubwischen.

Er fand es auf der Küchenzeile. *Wandelndes Wasser.* Sein eigenes hatte er bis auf ein paar Seiten durchgelesen. Er freute sich, denn jetzt konnte er doch nachsehen, ob auch in ihrer Ausgabe die letzten Seiten leer waren. Er blätterte umgehend nach hinten und erkannte ihre Schrift. Schnellen Schrittes lief er zum Koffer und wühlte sein Exemplar heraus. Die letzte gedruckte Seite war identisch. Kein Fehldruck also. Er streifte seine Schuhe ab, holte sich ein Bier und machte es sich mit Claras Original auf dem Sofa bequem, so gut es ging ohne Kissen.

Er konnte kaum glauben, was er da las. Sie schrieb von einem „Fügling", der ihn, Arthur, zu ihr brachte. Seine Seele, Arthurs, würde einmal massiv rebellieren, dass er sich wandeln müsse. Er verschluckte sich am schäumenden Bier, dass er zu schnell aus der Flasche in sich hinein kippen wollte. Seine Augen galoppierten die Zeilen entlang. Sie schrieb von Liebe. Dass sie ihn loslasse, und „Fügling" vertraue.

Fügling!

Er knallte das Buch auf den Couchtisch und murmelte verbissen:

„Ich fasse es nicht! Was hat sie sich dabei gedacht, mir dieses Buch auf`s Auge zu drücken, sie ist doch eine intelligente Frau!"

Nach einigen tiefen Atemzügen nahm er das Buch nochmal auf, las erneut Claras Worte. Es war eine Liebeserklärung an ihn.

Gut.

Eigentlich sehr gut.

Oh Gott, es war ein Traum! Clara!

Auf einmal befand er die paar leeren Seiten am Ende des Buches als eine hervorragende Idee.

Arthur brauchte eine Woche, bis er mit ihrem Buch unterm Arm an ihrer Tür klingelte. Sie ließ ihn ein, und er sie an sich ran.

Es tat gar nicht weh. Es war ein Sonntag, ihr Sonntag. Sie hatten viel zu begreifen, viel Haut und viele Themen.

Irgendwann kamen sie auf Annabell.

Clara drängte, sie anzurufen, denn sie hatte ein ungutes Gefühl, im Suff hatte Annabell etwas 'von sich umbringen' gesagt. Warum auch immer. Arthur war gefügig und tat es, warum auch immer.

„Lass uns zu ihr fahren.“, bat Clara besorgt.

„Jetzt übertreibst Du aber! Der geht es gut, vielleicht etwas reisemüde. Und überhaupt, das sind mal eben, warte, schlappe fünfhundert Kilometer hin und zurück.“

„Na und, sie wäre es mir wert.“

„Du kennst sie doch gar nicht! Es geht ihr gut!“

41
Annabell sammelt nicht nur Herbstblätter

Annabell schlich zur fünften Apotheke, da hatte sie noch nie ein Rezept eingelöst. Ihr Arzt hatte ihr nicht eine Tablette verschrieben. Sie war sauer auf ihn, doch er kannte sie zu gut, und sie verzieh` ihm. Der Internist um die Ecke hatte den Rezeptblock lockerer in der Hand.

Nun lief sie kreuz und quer durch die Stadt, das half auch, die Zeit totzuschlagen.

Die ersten Blätter lagen verfärbt und zerknittert auf der Straße. Es regnete schon eine ganze Woche durch. Sie bückte sich schwerfällig, nahm ein nasses Ahornblatt auf und drehte es versonnen am Stiel hin und her. Ein Tropfen spritze ihr dabei ins Gesicht, sie spürte es nicht. Sie erinnerte sich, wie sie damals den Kindern beibrachte, die Blätter in Büchern zu trocknen und zu plätten. Doch bevor ein warmes Gefühl aufsteigen konnte, machten sich Gedanken in ihrem Kopf breit, die nichts weiter als Trockenheit und Plätte zuließen.

Das Ahornblatt war schon wieder auf dem Asphalt gelandet. Als sie heim kam, bemerkte sie, dass ihr Briefkasten bereits überquoll. Sie zog alles Überstehende von außen raus und warf es unverzüglich in die darunter stehende Altpapiertonne.

Sie betrat die, seine, Wohnung, ohne sich die verschmutzten Schuhe auszuziehen, ließ den Mantel zu Boden gleiten und legte sich auf die Couch. Sie weinte lautlos und es entstanden mehr und mehr Salzränder auf ihrem Kissen. Es wurde dunkel, doch sie machte kein Licht an, wozu.

Es klopfte zaghaft an der Tür. Annabell wollte alles andere als öffnen. Nur nicht auffallen, schoss ihr durch den Kopf, vielleicht wollte sich jemand beschweren, weil sie die Haustüre unten offen hatte stehen lassen, oder sonst was.

Sie rappelte sich hoch, ging wie in Zeitlupe zur Tür

und tastete automatisiert nach dem Lichtschalter. Durch die geschlossene Tür fragte sie barsch:

„Ja?“

„Darf ich ihre Briefmarke haben?“, kam es gedämpft von der anderen Seite.

Annabell öffnete die Tür einen Spalt breit.

„Was?“

Ein geschlossener Briefumschlag mit einer Hand dran schob sich durch den Ritz.

„Der hier ist wohl aus Versehen in die Altpapiertonne gefallen. Mein Sohn sammelt Briefmarken, und die hier ist aus Spanien. Aber Ihr Name steht drauf, und er ist noch zu, und da wollte ich fragen, ob..“

Annabell hörte nicht mehr zu, nahm den Brief und sah sich abwesend den Absender an. Sie hatte noch nie einen Brief erhalten, der an sie allein gerichtet war. Sie rupfte ihn umständlich mit den Fingern auf, reichte, ohne den Blick vom Brief zu heben, den Umschlag hinaus und drückte die Tür wieder zu.

Er war von Erik. Er schrieb über Josep. Er wolle sie einladen. Josep.

Wozu.

Er hätte sich in ihr tiefes Blau verguckt.

Die Spanier! Dem war über den Winter wahrscheinlich einfach nur langweilig.

Lächerlich.

Sie hätte die Türe nicht öffnen sollen.

Tränen quollen erneut aus ihrem Blau und verstellten ihren Blick. Die Salzränder vergrößerten sich.

42
Clara macht sich Sorgen

Arthur und Clara spazierten die Straße entlang auf dem Weg zurück zum Parkplatz. Ein Kinoabend lag hinter ihnen, sie freuten sich noch, dass sie sich ohne Diskussionen auf einen Film hatten einigen können. Eine Darstellerin hatte Arthur an Annabell erinnert.

„Die hatte sogar genau das gleiche abstehende Ohr!“

„In Vino Veritas!“, klagte Clara, als sie gerade an einer Vinothek vorbeikamen.

„Ach, hör` doch auf! Du hast nur einmal mit dieser Frau gesprochen, am Telefon! Und da war sie besoffen!“

Arthur war gereizt.

Das Leben schien gerade rund zu laufen. In der Firma hatte man mit einigen Entscheidungen auf seine Rückkehr gewartet, der Pinsel fuhr ihm immer noch über den Bauch. Sein Magen hatte auch wieder seinen Job aufgenommen, ohne Reklamation, ohne Beschwerde, keine Beschwerden mehr. Und dann war da die Wiederentdeckung Clara. Das Leben könnte so schön sein. Für nächstes Frühjahr planten sie einen Urlaub auf Ibiza. Bei Josep schlafen, bei Erik trinken und baden. Zu zweit, als echtes Paar! Bei seinem Bruder! Warum sich ins Leben anderer mischen?

Clara ließ nicht locker.

„Aber ich kann rechnen. Aus dem, was sie sagte, und dem, was Du mir von ihr erzählt hast, kommt unterm Strich nichts Gutes raus! Sie hat doch einen befreundeten Arzt, sagtest Du, vielleicht kann man den mal kontaktieren.“

„Mach`, was Du willst."

Arthur ließ das Auto aufblinken und stieg ein. Unnötig heftig knallte er die Autotür zu. Heute fuhren sie zu ihm.

Er trank eine Flasche Wein allein aus, denn Clara klebte vor seinem Bildschirm und schrieb sich sämtliche Telefonnummern von Allgemeinärzten in Annabells Stadt heraus. Arthur schmollte, kein Sex wegen dieses abstehenden Ohres!

43
Oliven werden gereicht, Dottore ruft an

Auf jedem Gänseblümchen lag eine Tablette. Annabell zählte noch einmal nach, sie wollte sicher sein. Den Brief an die Kinder hatte sie ans Schlüsselbrett geklebt. Die Vorhänge waren zugezogen, wie schon seit Tagen. Die, seine, gesamte Wohnung hatte sie blitzblank geputzt, alles Herumliegende aufgeräumt, das blaue Hängerchen-Kleid rausgelegt, dies würde sie anziehen.

Das bisschen Würde, die sie auf der Reise hatte wieder gewinnen können, würde es verkörpern. Doch sie reichte nicht aus, die vernichtete Selbstachtung wieder zu beleben. Und mit einem Hängerchen hätten die Leichenwäscher weniger Arbeit.

Sie war zufrieden mit sich, die richtige Anzahl Tabletten war zusammen, sie stand vom Küchentisch auf, nahm das Kleid in die Hände und vergrub ihr Gesicht darin. Sie zog ihre Sachen aus und streifte den Hänger über.

Konträre Gefühle fingen an, sich wie zwei Kletterpflanzen um ihr Herz zu schnüren. Das Kleid bereits an, hieße, jetzt schlucken, hinlegen, fertig. Doch das Hängerchen erinnerte sie auch an ihren Triumph über ihr Wasser-Trauma in Saint Tropez.

Sie fluchte. Ihre Tabletten-Strebe wankte.

Die ganze Zeit hatte sie sich daran festgehalten. Einen Tag vor dem Tod ihres Mannes hatte sie sein Vermächtnis gelesen.

„Meine Asche soll an Kunigundes Unfallort ins Meer geschüttet werden.“

Annabells Welt war seit diesem Zeitpunkt zusammengebrochen, und ein Weiterleben war nur erträglich mit dem Vorhaben, es zu beenden. Es hatte ihr den Boden unter den Füßen weggerissen, ihr ganzes Leben in eine einzige Farce getaucht, wertlos gemacht, hinfällig, sinnlos.

Doch das blaue Kleid roch nach Mut. Sie setzte sich zurück an ihren, seinen, Tisch und schob die Tabletten zur Seite. Am Rand lagen das Spanisch-Lehrbuch und *'Wandelndes Wasser'*. Beides war noch nicht durchgelesen. Wie auch, es war viel zu dunkel.

Sie knipste die Stehlampe an und blätterte durch *'Wandelndes Wasser'*. Was war das? Die letzten Seiten waren ja leer bis auf eine handschriftliche Eintragung. In wohlgeformten Zügen stand da eine Art Widmung:

„Möge uns das Wasser niemals auseinander spülen! In Liebe Deine Kunigunde“.

Annabell stand der Mund offen. Da hatte sie die ganze Zeit ein Ding in Händen gehalten, dass er einst von ihr bekommen hatte?! Sie pfefferte das Buch gegen die Wand. Kein Wunder, dass er es aufgehoben hatte!

Abermals überfielen sie die Wogen des Verrats. Kunigunde! Hätte sie gewusst, als ihre kleine Kunigunde auf die Welt kam, dass sie deshalb diesen Namen tragen müsste - er bestand unbeirrbar darauf -; sie hätte damals ihr Kind geschnappt und wäre geflüchtet. Warum war sie nur so dumm gewesen, wer nennt sein Kind Kunigunde?

Sie schluckte die erste Tablette.

Nein, das Buch würde sie nie zu Ende lesen, geschweige denn überhaupt nochmal in die Hand nehmen.

Es klingelte an der Tür.

Annabell nahm eine weitere Tablette auf und drehte sie in den Fingern.

Es klingelte wieder.

Sie steckte sie sich in den Mund und schluckte schwer.

Es klopfte.

Verdammt, da war jemand, der wusste, dass sie da war. Jetzt wollte sie wirklich kein Paket mehr annehmen. Weitergeben geht doch nicht.

Das Klopfen wurde lauter, an der Tür und in ihrem Herzen.

Von außen drang schwach die Stimme ihrer Nachbarin durch die Türe.

„Ich bin es nur. Wollte nochmal was wegen der Briefmarken fragen."

Annabell erhob sich langsam vom Küchenstuhl und schlurfte widerwillig zur Tür. Sie öffnete sie nur einen Spalt breit, und schon kam ihr ein Glas Oliven mit einer Hand dran entgegen.

„Bitte, nehmen Sie. Ich wollte mich für die spanische Briefmarke bedanken. Und bitte denken Sie an uns, falls

Sie wieder ausländische Post erhalten.“

Annabell fühlte sich zu schwach, die Türe trotz Arm dazwischen zu zu drücken. So nahm sie die Oliven, grummelte ein „hm“ und schloss erschöpft die Tür.

Sie ging zurück an ihren Tablettentisch, stellte das Glas ab und besah sich die Oliven. Die kann sich dann nehmen wer will.

Das Telefon machte Krach. Ist das die Möglichkeit?!

Ignorieren?

Ja. Sie schluckte drei weitere Tabletten.

Es schrillte unaufhörlich.

Sie nahm ab.

„Ja!“

„Annabell, Gott sei Dank!“ Ein Schnaufer rauschte ihr ins Ohr.

„Hier ist Dein Dottore. Annabell, ich wollte mich mal nach Dir erkundigen. Wie geht es Dir?“

Sie musste leicht würgen, die Tabletten steckten ihr im Hals.

„Gut. Danke.“

„Hat alles mit der Asche geklappt? Bist Du sie los geworden?“

„Alles nach Plan.“

„Ja prima. Und jetzt? Lässt Du es Dir gutgehen?“

„Ja.“

„Klingst aber nicht danach.“

„Doch doch. Ich räume die Wohnung um, das ist anstrengend...“

Ihr schoss ein Gedanke durch den Kopf.

„Könntest Du mir nächstes Wochenende helfen, das

Sofa zu verrücken?“

„Ja, klar, wann bist Du da, Samstag Nachmittag?“

„Wunderbar.“

„Na dann, bis Samstag! Ich freu` mich.“

„Schön, bis dann.“

Es würde sie der Richtige finden, einer, der den Anblick von Toten kennt. Einer, der Oliven liebt. Und bis Samstag würde sie noch nicht stinken, obgleich sie Feinripp und Lockenwickler den Gestank gerne unter die Nase gerieben hätte. Aber so war es eine saubere Sache.

44
Josep

Er war noch nie geflogen und hatte die gesamte Flugzeit seine Nase nicht vom Fenster genommen. Die Küste seiner Insel, dann Korsika, die Alpen, ein Traum. Er wollte es auf seine alten Tage nochmal wissen, und seine Lebenserfahrung sowie sein Alter sagten ihm, zögere nichts hinaus.

Da sie nicht geantwortet hatte, war er sich nur noch sicherer geworden, sie musste eine schüchterne, zurückhaltende, liebenswerte Frau sein und alleinstehend. Letzteres sowie ihre Adresse wusste er von Erik, den er auf Arthur angesetzt hatte. Warum in den noch verbleibenden Jahren der Einsamkeit nichts entgegensetzen.

Annabell, welch Balsam in seinen Ohren.

Josep hatte sich eine Sporttasche von Erik geliehen und schleppte sie nun die Straße hinunter, Taxigeld wollte er sich sparen. Den Stadtplan hatte er am Flughafen gekauft, in der Bahn studiert. Und da stand er. Vor ihrem sechs Parteien Haus, wusste aber nicht ihren Nachnamen. La madre que te parió!

Unentschlossen blieb er eine Weile stehen. Dann öffnete sich die Haustüre und ein Mann in Unterhemd und Jogginghose brachte einen Müllbeutel raus. Josep nahm die Chance und stieg die ersten Treppen hoch, an den Türen lauschend. Aus einer drang Kindergeschrei, hinter einer anderen vernahm er eine Männerstimme, eine weitere stand offen und er sah im Wohnungsflur eine Vogelscheuche vorbeihuschen. Somit bräuchte er sich nur durch drei Wohnungen klingeln.

Eine junge Frau stieg mit dicken Einkaufstüten die Treppen hoch an ihm vorbei, schaute ihn fragend an und verschwand schließlich hinter einer Tür.

Nur noch zwei. Nach dem ersten Klingeln wurde die Tür aufgerissen und ihm Arme wedelnd lautstark signalisiert, sich zu schleichen. Die letzte Tür blieb nach mehrmaligen Klingeln zu.

Er setzte sich davor auf die Stufen, lehnte sich schräg an die Wand und sagte sich, dass er die Zeit bis zu ihrer Rückkehr nun auch noch warten konnte. Wenngleich seine Aufregung stetig zunahm.

Als es dunkel wurde, hielt er es nicht mehr aus. Er kramte allerlei Zahnstocher, Taschenmesser und ähnliches hervor und machte sich daran, das Türschloss auszubauen.

In der ersten Tagesdämmerung stand er in der Wohnung. Zugezogene Vorhänge verschluckten jeden aufkeimenden Lichtstrahl. Er drückte die Türe hinter sich zu –

so gut dies ging - und rief leise ihren Namen, gefasst darauf, dass gleich eine Bratpfanne auf ihn nieder sauste.

Es blieb still.

Er schritt durch den Flur und ging in das erst beste Zimmer, um die Vorhänge aufzuschieben. Er wiederholte dies in den zwei weiteren Zimmern, und da lag sie. Auf dem Sofa, schlief wie ein Engel, in dem blauen Hänger, den er schon kannte.

Er sah sie liebevoll an, kniete sich neben sie und flüsterte ihren Namen.

Nichts rührte sich.

Er strich ihr eine Haarsträhne hinters Ohr.

Nichts rührte sich.

Er hauchte ihr einen Kuss auf die Stirn.

Nichts rührte sich.

Er nahm ihre Hand in die seine und erschrak, wie kühl sie war. Wie konnte sie auch nur in diesem luftigen Kleid hier liegen, er griff nach einer Decke und deckte sie zu.

Nichts rührte sich.

Er streichelte ihr mit seinem Handrücken über eine Wange. Auch die war absonderlich kalt. Umso wärmer wurde ihm. Er rüttelte an ihrer Schulter, erst sanft, dann gewaltig.

Nichts rührte sich.

Er zwang sich, nach ihrem Puls zu forschen.

Nichts rührte sich.

Josep sackte in sich zusammen, lautlos fing er an zu weinen, auf dem Boden kauernd, das Sofa im Rücken. Annabells Hand rutsche von hinten an seinen Hals, er schrie auf. Dann sprang er auf, drehte sich zu ihr um und begann mit Mund-zu-Mund-Beatmung und Herzmassage, doch er wusste, dass er das bestimmt falsch machte.

Er suchte lieber nach einem Telefon. Die Hand war nicht so kalt, dass es keine Hoffnung mehr geben konnte, sagte er sich, er kannte doch die Temperaturen der Ziegen, die er ab und an schlachtete.

Er fand das Spanisch Lehrbuch und blätterte wie versessen darin herum, bis er zu einem Kapitel kam, dessen Grammatik sich am Beispiel einer Geschichte im Krankenhaus entspann. Verzweifelt suchte er ein paar Wörter heraus und stellte sich neben das Telefon in den Flur.

Es glotzte ihn an. Welche Nummer sollte er wählen? In der Mitte der Drehscheibe waren ein paar Zahlen handschriftlich aufgeschrieben. Polizei konnte er lesen und verstehen. Dann musste hinter 'Notruf' die richtige Nummer stecken. Er wählte und quälte sich sowie seinen Redepartner. Warum musste sie auch in einer Straße wohnen, die sich Unterföhringer Landstraße schrieb. Wie sprach man das aus? Wie buchstabierte sich das? Und er wusste immer noch nicht ihren Nachnamen, an der Wohnungstür hatte er kein Schild gesehen.

Er knallte den Hörer auf die Gabel. Dann wählte er Eriks Nummer, sollte der doch übersetzen.

„Kein Anschluss unter dieser Nummer“ wurde ihm in ständiger Wiederholung ins Ohr gestreut.

Das war nicht Eriks Stimme! Vielleicht hatte er sich verwählt. Nein! Die Vorwahl fehlte! Was hatte denn Spanien für eine Ländervorwahl? Er hatte mal davon gehört, doch da er noch nie von Ibiza runtergekommen war, kannte er sie nicht. Er drosch mit dem Spanisch-Lehrbuch auf seinen Kopf ein. Er musste die Nachbarn wecken. Auch wenn sie ihn für einen Einbrecher – er hätte sich vielleicht doch nicht am Schloss vergehen sollen - und gleichzeitig Mörder halten sollten, wenn es nur Annabell half, war alles recht!

Josep stürmte das Treppenhaus. An alle Türen schlug er mit seinen Fäusten, klingelte Sturm und brüllte um Hilfe – auf Spanisch.

Nichts rührte sich.

45
Arthurs Rede

Die Wolken ließen keinen Sonnenstrahl vermuten, der Himmel hing tief und schwer über den halbkahlen Bäumen. Eine Glocke läutete, ohne Rhythmus.

„Das war eine trockene Ansprache vom Pfarrer." sagte Clara traurig und schmiegte sich an Arthurs Seite.

Sie saßen neben Dottore in der zweiten Reihe in der Aussegnungshalle, Annabells drei Kinder mit Angehörigen saßen vor ihnen. Von dort kamen ein paar Schluchzer. Hinter ihnen war es leer. Der Mann mit weißem Kragen verbreitete den Segen.

„Schön, dass Du geblieben bist, Josep."

Arthur schlug diesem wohlwollend auf die Schulter, Erik übersetzte flüsternd.

Gemessenen Schrittes folgten sie alsbald dem Urnenträger zum Anonymen Grab. Dort baute man sich in einem Halbkreis auf, und jeder warf eine Kelle Erde hinein.

Die Kinder voran. Kunigunde sieht gar nicht so schlecht aus, wanderte es Arthur durch den Kopf, hat aber auch einen echten Konkurrenten an ihrer Seite. Clara knuffte ihn gedankenlesend in den Arm. Er räusperte sich, griff zur Kelle, kippte sie aus und blieb stehen, dann rückte er seinen schwarzen Edel-Boutique-Anzug zurecht und begann mit belegter Stimme zu sprechen.

„Annabell. Du weißt, ich glaube an nichts."

Er schielte aus dem Augenwinkel zum Pfarrer.

„Aber ich bin mir ziemlich sicher, dass das, was ich Dir jetzt sage, Dich auf irgendeinem Weg erreicht.

Ich finde es so unglaublich schade, dass Du Dein Leben weggeworfen hast."

Ein leises Raunen schlich durch den Halbkreis.

„Ich habe Dich zwar nicht sehr lange, aber dafür vielleicht besser, als mancher, der hier steht, kennengelernt."

Das Raunen wurde krächzender.

„Und ich muss sagen, Du bist, warst, eine ganz besondere Frau. Wirklich besonders! Du warst gut, einfach gut! Du hast mich gnadenlos ausgebremst... völlig aus der Bahn geworfen, und das war gut, denn ich saß im falschen Zug!"

Er sah kurz zu Clara hinüber, deren Augen glitzerten.

„Wahrscheinlich hast Du den ersten Teil Deines Lebens tatsächlich weggeworfen. Aber dass Du das auch mit dem zweiten machst! Hattest Du nicht die Info erhalten? Oder hattest Du sie nicht richtig gedeutet, weil Du nur auf Elend programmiert warst?"

Er legte seine Hand auf Joseps Schulter, der gebückt neben ihm stand.

„Findest Du das in Ordnung? Du sagtest mir, ich solle etwas ändern an meiner verdammten Mitgift. Und Du? Machst Dich statt dessen aus dem Staub! Dafür würde ich Dich glatt in einem Beiboot im offenen Ozean aussetzen!"

Die Verwandtschaft fing an, ungehemmter zu Tuscheln.

„Und Euch, Ihr da, wie Ihr da steht", er machte eine ausholende Geste gen Kinder und Co, die umgehend ihr Tuscheln mit großen Augen eintauschten.

„Euch will ich mal was sagen: hätte ich eine Mutter gehabt, wie es Eure war, würde ich vor Trauer und Schmerz gar nicht mehr aufrecht stehen können! Sie war ein Traum von Mensch! Sie hat es nur nicht geschafft, es auszuleben, wortwörtlich aus-zu-leben!"

Arthur kämpfte mit den Tränen.

Er blickte ein letztes Mal in das Erdloch, schritt zur Seite und übergab Erik die Kelle. Betretenes Schweigen legte sich wie eine luftdichte Hülle über das Grab. Lautlos fing es an zu nieseln.

46
Feigenbäume

Das Frühjahr zeigte sich von seiner besten Seite. Angenehm warm, genug Regen, viel Sonne. Heute schleppten sich Wolken über die Küste.

Josep streifte hinter seinem kleinen Hotel durch die Hänge. Hier und da hatte er vor vielen Jahren ein paar Obstbäume gepflanzt, dazwischen tummelten sich Feigen und Olivenbäume. Die Früchte konnte er aufgrund Eriks Beziehungen am Hafen an große Luxusdampfer verkaufen, deren Köche froh waren über echte und billige Frische. Oft brauchten sie keinerlei Nachschub inmitten ihrer Touren, doch ab und an nahmen sie ihm sogar seine gesamte Ernte ab.

Der kleine, kurzhaarige Hund seines Nachbarn streunte schwanzwedelnd herbei. Josep wollte sich gerade herunterbeugen, um ihn zu begrüßen, als dem Kleinen plötzlich von einem augenscheinlich sehr großen Vogel dessen Ausscheidung ins Fell klatschte. Der Hund erschrak kurz und streifte den weißen Batzen am nächsten Olivenbaum ab, so gut er konnte.

Josep befühlte jeden seiner drei Feigenbäume und blieb schließlich bei einem stehen. Er hielt ein großes Gurkenglas in der Hand. Nochmals berührte er den Baumstamm, strich über ein paar Blätter. Dann drehte er den Deckel auf und schüttete die Asche um den Stamm herum aus. Aus seiner Hosentasche angelte er ein Taschenmesser, klappte es auf und fing an, 'Annabell' in den Stamm zu ritzen. Der Hund bellte und trollte sich.

Die ersten Tropfen fielen. Vom Himmel und aus seinen Augen. Der Regen wurde heftiger und als er beim letzten 'l' anlangte, konnten ihn die Blätter nicht mehr schützen. Auch die Asche wurde nass, und immer mehr Partikel glitten in den Boden hinein. Josep sah dem Schauspiel in aller Ruhe zu, inzwischen klitschnass.

Auf einmal spürte er, dass keine neuen Regentropfen nachkamen, obgleich es in den Blättern weiterhin rauschte.

Lolita hatte sich neben ihn gesellt, ihr Schirm deckte auch ihn mit ab. Diesen gab sie ihm wortlos zum Halten und nahm ihm das Messer aus der Hand. Sie beugte sich zum Stamm und ritzte vor dem Namen noch ein F, e, i, g und e hinein. Sie gab Josep das Messer zurück, nahm ihn an die Hand, und nachdem sie zu Eriks Bar hinabgestiegen waren, mixte sie ihm seinen ersten Sex on the Beach.

46
Es geht weiter

Das Meer. Einfach, blau, und ungeheuerlich endlos.

Die Sonne schlich sich geräuschlos über den Horizont, im Gepäck das Versprechen eines heißen Tages. Die Wellen wogten im Gefolge des Mondes, keine einzige Windböe, die sich dazwischen gedrängt hätte. Die Welt fühlte sich rund an.

Ich blinzelte gen ersten Sonnenstrahl. Ich war ein Teil dieses unermesslichen Ozeans, und kein unbedeutender, wie ich fand.

„Hey, du, kann ich mitkommen?“, kam eine Frage von der Seite.

Ich zuckte kurz die Schultern.

„Klar, dies ist ein freies Meer! Wer bist du denn?“, fragte ich, neugierig wie ich naturgemäß als H_2O war.

„Ich bin Olivia.“, kam die kecke Antwort.

„Und, warst du schon mal da oben?“

„Oh ja, nicht nur einmal!“

„Hat es dir gefallen?“

„Zuerst gar nicht, dann aber immer mehr. Das erste Mal hatte ich mich nur aus Feigheit an meinen Freund Träumling geheftet. Letztlich bin ich ihm dankbar, dass er damit anfing.“

„Träumling?!“

„Ja, so ein verträumter Typ eben. Er hat mich quasi gelehrt, dass es immer weiter geht, Aufgeben geht gar nicht!“

„Hatte der eine Freundin namens Feigling?“

„Genau! Du kennst ihn? Diese Feigling war nämlich ich, doch in meiner letzten Runde war ich Jahre in einem Olivenbaum. Ja, wo es einen eben so hintreibt, nicht wahr? Transformation hier, Transformation dort. Und, wer bist du?“

Ich zögerte. Meine Protonen köpften schon die Schampusflaschen vor Freude, während meine Elektronen leicht panisch Alarm schlugen. Bipolar bleibt bipolar. Dann hauchte ich:

„Träumling.“, ich war gefasst auf ein Riesengezeter.

Feigling-Olivia fiel aus allen Wolken, in welchen sie noch nicht war und besah sich mich von allen Seiten.

„Der Träumling?“, fragte sie ungläubig.

„Ja, dem du scheinbar dankbar bist.“

Ich versuchte zaghaft, einen polternden Protonenwirbel auf mich zu umschiffen.

Doch sie wurde weich, butterweich. Wäre sie nicht selbst als H_2O-Molekül Bestandteil einer Träne, noch dazu in diesem salzigen Meer, hätte sie sich am liebsten vor meine Kerne geworfen und nie wieder aufgehört zu schluchzen. Ich zimmerte die Wasserstoffbrücken und wir schwelgten in trauter Eintracht. Auch ihre Freude über unser Wiedersehen erstickte jede Wut und Enttäuschung über meinen einstigen Aufbruch, in den sie nur widerwillig hineingezogen worden war.

Zeit kann wirklich Wunden heilen.

Wir trieben keinen Millimeter mehr unter der Wasseroberfläche, die Sonne zog ihre Schwerter und stach zu.

„Ein Traum!“, entfuhr es mir abermals, als wir der letzten Woge entschwanden.

„Und was für einer!“, säuselte Olivia.

Dann sah sie mich schief an und fragte frech:

„Ich habe mich auf meinen Reisen verändert, aber du, du bist immer noch der alte Träumling! Waren deine Trips nicht so informativ?“

„Erstens, hast du mich auch nicht wieder erkannt, und zweitens, gibt es mehr Träume, als du je erträumen kannst.“

„Und wovon träumst du diesmal?“

„Das wirst du bald in meinen Memoiren nachlesen können.“

Epilog

Auch wenn wir Wasser nie begreifen werden, denn es lässt sich nicht greifen, stecken wir doch mit ihm unter einer Decke.

Die Informationen, die in jedem Tropfen sind, nehmen wir mit jedem Schluck auf.

Die Formen, die das Wasser auf unserem Erdball annimmt, sind unendlich zahlreich und jede durchlebt ihren eigenen Wandel. In uns und um uns herum.

Ihre Träume schenken Ihnen Informationen.

Gießen Sie Ihre Träume in eine Form.

Hier ist Platz … für einen Traum ...